JUN   2012

LOS PRESIDENCIABLES

Jorge Ramos

LOS PRESIDENCIABLES

Las entrevistas incómodas con los que quieren el poder
y con los que ya lo tuvieron

Grijalbo

Los presidenciables
Las entrevistas incómodas con los que quieren el poder
y con los que ya lo tuvieron

Primera edición: mayo, 2011

D. R. © 2011, Jorge Ramos Ávalos

D. R. © 2011, derechos de edición mundiales en lengua castellana:
  Random House Mondadori, S. A. de C. V.
  Av. Homero núm. 544, col. Chapultepec Morales,
  Delegación Miguel Hidalgo, 11570, México, D. F.

www.rhmx.com.mx

Comentarios sobre la edición y el contenido de este libro a:
megustaleer@rhmx.com.mx

ISBN 978-607-310-530-9

Impreso en México / *Printed in Mexico*

Índice

Dedicatoria y agradecimientos

Dedico este libro a la prensa independiente de la República, que con rara abnegación ha sostenido una lucha desigual por más de 30 años contra el poder omnímodo que ha centralizado en sus manos un solo hombre; a esa prensa que tremolando la bandera constitucional ha protestado contra todos los abusos de poder, que ha defendido nuestros derechos ultrajados, nuestra Constitución escarnecida, nuestras leyes burladas.*

Así dedicó Francisco I. Madero su libro *La sucesión presidencial en 1910*, a los periodistas que tuvieron el valor de luchar contra la dictadura de Porfirio Díaz. Muchos de ellos murieron sin ver el fin del Porfiriato, pero Madero reconoció que sin ellos México no hubiera cambiado.

* Francisco I. Madero, *La sucesión presidencial en 1910*, México, Debolsillo, 2010, p. 28.

En México nunca ha sido fácil ejercer el periodismo libre. Cuestionar a los poderosos en nuestra nación te puede costar la vida. Hay demasiados ejemplos. Actualmente, en la segunda década del siglo XXI, México es uno de los países más peligrosos del mundo para practicar el periodismo sin censura. Por eso quiero dedicar este libro a todos los periodistas mexicanos que han muerto por el simple y valiente hecho de contar lo que pasa. Ningún periodista debería morir por informar, pero en nuestro país esto pasa con mucha e indignante frecuencia.

Hace poco más de un siglo era el dictador quien mandaba silenciar a las voces de la oposición y a los periodistas independientes. Luego, durante 71 años, fueron los regímenes nacidos del autoritarismo y el abuso del poder. Hoy son las bandas criminales y los narcotraficantes.

Lo peor es que en México no existe todavía una tradición que proteja el trabajo periodístico libre. El Estado mexicano no garantiza la vida de sus periodistas. Por eso, este libro va por los que nos abrieron camino a otros reporteros; con sus escritos, con su voz, con su valor, con sus vidas.

* * *

Este libro hubiera sido imposible sin mis compañeros de Univision. Decenas de mis colegas —productores, investigadores, camarógrafos, editores, técnicos, escritores— participaron en la serie de televisión *Los presidenciables*, que dio motivo a este texto.

Porfirio Patiño, el jefe de la oficina de Univision en la ciudad de México, hizo —mágicamente— todos los contactos y los arreglos para realizar las entrevistas con los presidenciables. No sé cómo, pero nadie le dijo que no.

Isaac Lee, presidente de noticias de Univision, empujó el proyecto desde un principio, le dio forma, lo puso al aire y luego me permitió condensarlo en este libro.

Mi hermana Lourdes, periodista siempre y mi más cariñosa —y estricta— crítica, fue la primera en apoyarme cuando le conté lo que quería hacer. "Qué buena idea", me dijo. Viniendo de Lourdes, con eso me basta y sobra. Ella leyó el primer capítulo y después ya nunca lo dudé.

No he podido tener mejores colaboradores en este proyecto que Cristóbal Pera y Ariel Rosales de Random House Mondadori en México. Para mí fue como un regreso a casa. Ya habíamos trabajado juntos en otros de mis libros, pero esta vez no lo pensaron ni un segundo cuando les propuse el proyecto. Trabajaron incansablemente y a marchas forzadas para asegurarse de que los tiempos políticos no rebasaran los tiempos editoriales. Éste es un libro que si no sale a tiempo no sirve para nada. Y lo sacaron a tiempo y primero que nadie.

Por último, y éste es el agradecimiento más importante, gracias a los seis presidenciables, a los tres ex presidentes y al actual presidente por dejarse entrevistar. No tenían por qué aceptar y, a pesar de que sospechaban por dónde irían mis preguntas, decidieron hacerlo. Algunos de ellos se han sentado conmigo varias veces y a lo largo de muchos años en entrevistas para televisión; en ese momento ni siquiera sabíamos que se publicarían también en forma de libro.

Sin ellos esta obra no existiría. Y eso habla bien de ellos y bien de México.

Éstos son nuevos tiempos, en el periodismo y en la política, y todos salimos ganando.

Prólogo

En cada hombre late la posibilidad de ser […]
otro hombre.
Octavio Paz, *El laberinto de la soledad*

"El que se mueve no sale en la foto." Ésa era la antigua regla de la política mexicana para escoger presidente. El candidato que se autodestapaba diciendo públicamente que aspiraba a la presidencia, quedaba descartado en ese preciso instante. Pero los tiempos ya cambiaron.

La nueva regla de la naciente democracia mexicana es: "El que no se mueve, y rápido, se queda fuera de la contienda." Así de simple. Así de radical.

Internet, las redes sociales y, sobre todo, el creciente deseo de los mexicanos de tener información sobre sus futuros gobernantes de forma inmediata, adelantó los tiempos políticos y modificó para siempre la manera en que los ciudadanos escogemos a nuestros presidentes.

13

No más secretos. No más maniobras palaciegas. No más dedazos. ¿Quieres ser presidente? Sí o no.

Bueno, más o menos. Los mexicanos tenemos una forma muy peculiar de decir las cosas y de comunicarnos. No somos, precisamente, los más directos. Las formas suelen predominar sobre el fondo. Y muchas veces no hay nada más difícil que sacarle un "sí" o un "no" a un político mexicano.

"El hermetismo es un recurso de nuestro recelo y desconfianza", escribía Octavio Paz en su laberinto. "Muestra que instintivamente consideramos peligroso al medio que nos rodea."

Sin embargo, ese hermetismo —tan característico de la política mexicana— ha ido cediendo a las enormes presiones de nuestros tiempos. La globalización, las nuevas tecnologías y las comunicaciones instantáneas han tocado, también, la manera en que elegimos candidatos y presidente.

A pesar de nuestra resistencia histórica a la confrontación directa —¿quién se quiere enfrentar al tlatoani, al virrey, al terrateniente, al dueño o al presidente?— y de una larga tradición política que fomenta el decir las cosas sin decirlas expresamente —muchos vivimos del oficio de leer entre líneas—, la contienda por la presidencia se ha abierto y acelerado.

México ya no está solo. La manera en que escogemos presidente en nuestro país es cada vez más parecida a la de otras democracias. "Nos estamos afrancesando, italianizando, españolizando", me dijo el escritor Carlos Fuentes tras las elecciones presidenciales de 2006. "Quiero decir que estamos entrando en la normalidad democrática."

Esa normalidad democrática implica muchas cosas. En principio, que los políticos o ciudadanos que quieren ser presidente ya no tienen que esperar a que otros los destapen. Ellos mismos lo hacen. Además, significa que se someten a las reglas del juego, que aceptan la competencia y que reconocerán al ganador, aunque se trate de otro.

Muchas de nuestras elecciones siguen siendo cuestionadas. Basta mencionar las de 1988 y 2006. Pero hoy en día nadie cuestiona que el próximo presidente debe ser él o la que gane más votos, y no a quien escoja el mandatario en turno. Éste es un avance gigantesco en un país con una vida democrática tan corta.

Hemos avanzado mucho para llegar a este punto. Este México no es, como escribiera Mariano Azuela en 1915 en *Los de abajo*, "un pueblo sin ideales, pueblo de tiranos". Pero nos ha tomado mucho tiempo deshacernos de nuestros tiranos.

Los mexicanos tenemos una fascinación por la contienda presidencial. Va más allá de saber quién es el que sigue. Analizamos, estudiamos, disecamos a los aspirantes presidenciales. Todo nos dice algo, desde su forma de peinarse y la corbata hasta la visita a una iglesia y esa pausa extraña en su discurso en la población más lejana del centro del país. Nada se nos escapa.

Los volvemos caricatura, los insultamos y los involucramos en las más inverosímiles conspiraciones para hacerse del poder. Los ligamos a músicos, artistas, cantantes, criminales, ex presidentes, amantes y, de ser preferible, a cualquier individuo de dudosa reputación. Les asignamos fortunas en el extranjero y casas en las costas. Y todo el mundo les sabe algo secreto e ilegal (pero pocos, claro, lo pueden comprobar).

Incluso en las épocas priístas, cuando el proceso era todo menos democrático, el dedazo presidencial era motivo de las más espeluznantes e irracionales especulaciones. Después de todo, ¿cómo meterse en la cabeza del señor presidente o del dictador?

En *La sucesión presidencial en 1910*, Francisco I. Madero especulaba que tras "desaparecer de la escena política el señor general Porfirio Díaz, vendría una reacción a favor de los principios democráticos; o bien, que alguno de nuestros pro-hombres iniciaría alguna campaña democrática". Pero luego vino una gran decepción, "pues comprendí que aun desapareciendo el general Díaz, no se verificaría ningún cambio, pues su sucesor sería nombrado por él mismo, indudablemente entre sus mejores amigos".

¿Quiénes eran esos "amigos"? Y si se diera el fin del Porfiriato, ¿quiénes eran esos "pro-hombres"? Aun con un dictador en el poder durante más de 30 años, Madero y sus contemporáneos ya se interesaban por el que eventualmente lo reemplazaría.

Este asunto de los presidenciables no es nada nuevo. Y, sin embargo, nos sigue apasionando. No es de extrañar. En un país con una profunda tradición presidencialista, donde el primer mandatario estaba acostumbrado a hacer y deshacer vidas, la existencia de millones de mexicanos estaba intrínsecamente ligada con sus más mínimos cambios de ánimo. Su trabajo y futuro, literalmente, podía depender del lado de la cama en que se levantara el presidente. Un viejo chiste retrata perfectamente lo anterior: "¿Qué hora es?", preguntó el mandatario todopoderoso. "Las que usted diga, señor presidente."

Ya no tanto. Las súper presidencias priístas ya no existen. El Poder Ejecutivo tiene un creciente balance del Legislativo y del Judicial. Pero aun con sus enormes limitaciones y contrapesos, el presidente en México es quien sigue dándole dirección al país. No es el poder casi absoluto de antes. Y sin embargo...

Por eso seguimos con tanto interés y tanta curiosidad a los presidenciables. Nuestro futuro estará de alguna manera vinculado con ellos. Si al presidente le va bien, a millones de mexicanos también. Pero si le va mal, bueno, entonces lo más probable es que a nosotros también nos vaya mal.

Los presidenciables nos atraen, nos repelen, nos fascinan o nos fastidian, pero no podemos permanecer ajenos a ellos. Su vida y sus aspiraciones afectan las nuestras. Y la mejor forma de conocerlos es conversando con ellos.

Desde luego, los podemos leer o escuchar uno de sus largos discursos. Los podemos incluso seguir por Twitter y Facebook. Pero no hay nada como sentarse a platicar.

Cómo se hicieron las entrevistas

Eso es precisamente lo que hice: me senté a platicar con Enrique Peña Nieto, Manlio Fabio Beltrones, Andrés Manuel López Obrador, Marcelo Ebrard, Santiago Creel y Josefina Vázquez Mota, para que me dijeran por qué querían ser el próximo presidente. Y ya que estábamos en ésas, aproveché para preguntarles sobre los asuntos que más les dolían.

Sí, lo reconozco, no fueron entrevistas cómodas. Ellos lo sabían. A pesar de todo, los seis aceptaron. La pregunta obligada, de cajón, era: ¿quiere usted ser el próximo presidente de México? Y la repregunta: ¿por qué?

Pero luego, según el entrevistado, vinieron otras.

¿Por qué parecía no saber de qué murió su esposa? ¿Por qué *The New York Times* lo acusó de colaborar con narcotraficantes? ¿Le afectará en su deseo de llegar a Los Pinos que muchos mexicanos crean que es un mal perdedor? ¿Se puede ser católico y aceptar el aborto? ¿Qué pasó con el cambio que nos prometieron? ¿Por qué México no ha tenido una presidenta? Y a todos: ¿hay que negociar con los narcos?, ¿cuánto dinero tiene?, y muchas otras preguntas.

Mientras más sepamos sobre los presidenciables más sabremos cómo gobernará el próximo titular del Ejecutivo en México. Éste es un ejercicio esencial para el futuro del país.

¿Cómo escogí a los entrevistados? Muy sencillo. Los seis presidenciables que aparecen aquí son los que estaban adelante en las encuestas y en la preferencia de cada partido. Eso no tiene mucha ciencia.

La principal encuesta en que me basé para hacer esta selección fue la de Univision y Parametría realizada en febrero de 2011. El problema —y lo reconozco— es que este método deja afuera a muchos posibles candidatos. Aquí no están todos los que son ni son todos los que están. Para cubrirme le dediqué un capítulo a "los otros" aspirantes presidenciales pero, con toda razón, les parecerá injusto a los que ahí aparecen.

Todas las entrevistas con los aspirantes a 2012 se hicieron originalmente para la serie de televisión llamada *Los presidenciables*, y fueron transmitidas por Univision en la primera mitad de 2011. Para los estándares de la televisión internacional, las entrevistas eran largas y varias de las respuestas de los entrevistados nunca salieron al aire. Por eso surge este libro.

Había que poner en papel —y en versión digital— casi todo lo que los presidenciables me habían dicho. Era lo justo. Para ellos y para nosotros. Y aunque el acuerdo original fue hacerlas para la televisión, las entrevistas pronto se transformaron en este proyecto editorial.

Los casos de los ex presidentes Carlos Salinas de Gortari, Ernesto Zedillo y Vicente Fox, así como del actual presidente Felipe Calderón, fueron distintos. A los cuatro ya los había entrevistado, también para la televisión, en otros momentos políticos.

La mayor parte del contenido de estas entrevistas con los ex presidentes no se había publicado en forma de libro y me pareció apropiado reunirlas en una sola edición.

La entrevista más vieja data de 1996 y la más reciente de 2008. Aun así, es sorprendente cómo no han perdido su relevancia. Sus palabras todavía pesan. Los ex presidentes ponen en contexto a los presidenciables.

La entrevista con el presidente Felipe Calderón la realicé cuando todavía era un presidenciable, poco antes de las elecciones de julio de 2006. Y es un ejercicio magnífico el ver lo que prometió como candidato y lo que ha hecho como presidente.

Por cuestiones de espacio y claridad, todas las entrevistas han sido editadas y condensadas, pero siempre respetando el sentido original del entrevistado.

LO QUE ES Y LO QUE NO ES ESTE LIBRO

Éste no es un libro de historia. Aquí no van a encontrar una reseña exhaustiva del sistema político mexicano ni de la manera en que hemos escogido a nuestros presidentes durante el último siglo. Tampoco es un trabajo académico.

En cambio, éste sí es un libro de entrevistas con los que quieren el poder y con los que ya lo tuvieron. Ni más ni menos. Busco excavar, lo más posible, en los rincones públicos (y en algunos privados) de los presidenciables y ex presidentes. Éste es, simplemente, un ejercicio periodístico.

No hay pregunta prohibida.

Nuestra principal función social como periodistas es evitar los abusos de los que tienen el poder. Y eso se logra, fundamentalmente, preguntando. La pregunta es nuestra principal arma.

Parto de la filosofía de que, como periodistas, tenemos el derecho a preguntarlo todo. Eso lo aprendí de Elena Poniatowska tras leer *La noche de Tlatelolco*. Y luego lo comprobé al leer y releer *Entrevista con la historia* de Oriana Fallaci.

No hay pregunta tonta. No hay pregunta inútil. La peor pregunta es la que no se hace. Y en las entrevistas hay que llegar con la actitud de "si yo no hago esta pregunta, nadie más la va a hacer". Hay que hacer las preguntas incómodas aunque sea por última vez y el entrevistado se levante. Es mejor que sea la primera y última entrevista, a tener varias en el papel de cómplice. Si tenemos que escoger entre ser amigo o enemigo del entrevistado, siempre resulta preferible ser su opositor. Nuestro trabajo es preguntar. El de ellos contestar. Al final, lo único que cuenta es nuestra credibilidad. Si nadie te cree, de nada sirve tu trabajo.

Sé que en estos momentos hay todo un debate en México sobre la vida privada de los personajes públicos. ¿Qué tanto podemos preguntarles acerca de cuestiones personales a nuestros políticos y candidatos?

No se vale preguntar por preguntar. Pero mi regla es muy clara: si un asunto personal o familiar afecta la vida de nuestra sociedad, tenemos el derecho y hasta la obligación de preguntar.

Por lo tanto, sí se vale preguntar si un presidente toma antidepresivos o sufre problemas de alcoholismo. Su comportamiento personal tiene enormes consecuencias entre sus gobernados.

Se vale preguntar cuánto dinero tiene un candidato, para hacerle las cuentas mientras gobierna y asegurarnos de que no salga con más riquezas que con las que entró. Se vale preguntar la posición de un político respecto al aborto y el matrimonio entre homosexuales porque sus prejuicios personales se verán reflejados en sus decisiones políticas. Es decir, se vale preguntar todo, siempre y cuando tenga relevancia para la vida de una nación. Esto, es cierto, deja fuera muy pocas cosas.

El premio Nobel de literatura y periodista, Gabriel García Márquez, le decía a su biógrafo, el inglés Gerald Martin, que él estaba dispuesto a hablar sobre su vida pública, un poco sobre su vida privada y nada sobre su vida secreta. Y respeto totalmente esa decisión. Pero García Márquez no es un político. Si lo fuera, sería válido preguntarle acerca de su vida privada y hasta de su vida secreta si, por alguna razón, influyeran en sus posiciones políticas.

Cuento esto para que el lector sepa qué tipo de preguntas y cuestionamientos encontrará en este libro. No hay territorios prohibidos o sagrados para un periodista. Nuestra labor es precisamente desmitificar, desenmascarar y dar a conocer lo que está escondido.

Y cuando se junta esta filosofía periodística —que he desarrollado a lo largo de más de tres décadas en la profesión— con seis personas que quieren el poder, una que lo tiene y otras tres que ya lo tuvieron, el resultado, espero, es rico, sustancioso, relevante y en muchos casos hasta divertido y entretenido. El pecado mortal del periodismo es volverse aburrido. Así nadie te ve, nadie te lee, nadie te sigue.

No deja de tener su encanto que los seis presidenciables que aquí entrevisto están buscando el que pudiera ser el trabajo más difícil del mundo. ¿Qué país enfrenta simultáneamente los problemas de la pobreza y el subdesarrollo con los de la violencia y la inseguridad causada por el narcotráfico, y es además frontera con la nación más poderosa del mundo y el principal mercado de drogas? Sólo México.

El presidente de México en 2012 tendrá seguramente el trabajo más difícil del mundo. Será como ganarse la rifa del tigre. Y lo increíble, lo sorprendente, es que hay tantos candidatos para el puesto.

Vamos a conocerlos.

"Estoy convencido de que existe una gran posibilidad de regresar a Los Pinos."

Cortesía: Univision

ENRIQUE PEÑA NIETO
El puntero

Los dos sabíamos que le iba a preguntar sobre la muerte de su primera esposa.

Nunca doy las preguntas por adelantado a ningún entrevistado. Jamás. Eso violaría el más básico código de ética periodística. No le he dado las preguntas ni a presidentes ni a tiranos y menos a candidatos presidenciales. Eso, simplemente, no se hace. Decirle a un entrevistado qué le vas a preguntar es razón suficiente para ser despedido. Antes de la entrevista se vale hablar sobre temas generales —guerra, economía, elecciones—, pero no sobre preguntas concretas.

Sin embargo, cuando llegué a entrevistar al gobernador del Estado de México, Enrique Peña Nieto, a una casa en Las Lomas de la ciudad de México, él sabía que tendría que volver a hablar sobre la muerte de Mónica Pretelini, ocurrida el 11 de enero de 2007. Yo no le dije nada antes. Pero era una pregunta obligada.

Casi dos años antes de esta entrevista, en marzo de 2009, había viajado al palacio municipal de la ciudad de Toluca para hablar con él. Ya desde entonces se le nombraba como el puntero en las encuestas entre los posibles candidatos a la presidencia para 2012.

Al entrar a su oficina en Toluca me sorprendieron dos enormes retratos del mismo tamaño: uno, pintado, del héroe nacional Benito Juárez; otro, una fotografía de Angélica Rivera, la actriz con la que estaba saliendo y con quien se casaría más tarde.

Pedí entrar al baño de su oficina —como suelo hacer antes de muchas entrevistas— más por curiosidad que por necesidad. Los baños de los poderosos pueden representar un súbito viaje a su intimidad. De un vistazo entro a su mundo y puedo hacer un primer juicio: ordenado o caótico, personal o manejado por alguien de afuera, accesible si me dejan entrar, controlador y cauto si no.

Entrar en su baño personal me ayuda, también, a humanizar a los personajes que por su posición están acostumbrados a tratos privilegiados y a actitudes prepotentes o arrogantes. Ahí me los imagino igual que a cualquier otro: con dolores de estómago, mal aliento y la espalda deshecha. Salgo de esos baños, casi siempre, con la convicción de que ese personaje, por más poderoso que sea, tiene también sus vulnerabilidades. Otras veces salgo con un detalle de su vida privada que, de otra manera, jamás habría descubierto.

En el baño de la oficina de Peña Nieto me encontré con dos cepillos de dientes, de distintos tamaños y colores, perfectamente alineados. "No", me dijo, no eran de sus hijos. No dio más explicaciones. Ni yo las pedí. Con lo que vi era suficiente. Ése era un lugar de dos, no de uno.

Durante mi primera entrevista con Peña Nieto encontré al mismo personaje que había visto por televisión. Perfectamente trajeado, todo en su lugar, cada pelo. Sí. Lo primero que llama la atención es su pelo negro, peinado hacia atrás, engomado. Ni una cana. *Gel Boy*, le llaman sus detractores. Me recordó el mismo peinado que usaba el ex presidente estadounidense Ronald Reagan.

A pesar de su juventud, Peña Nieto tiene un estilo más clásico que moderno. "Es joven pero no es nuevo", me dijo una periodista que ya lo había entrevistado. La referencia era inequívoca. Peña Nieto es la esperanza joven de un partido viejo. Desde luego, no se le pueden achacar a él los asesinatos, los casos de corrupción, los fraudes y el lodazal que dejó el PRI durante 71 años en el poder. Y ésa es, precisamente, su defensa.

Él no estuvo ahí. Además, argumenta, hay que rescatar la estabilidad, la experiencia, el orden, los apoyos sindicales y comunitarios, y la capacidad de negociación y organización de un partido que ya lo hizo todo. El PRI, me asegura, se está reinventando. Su elección sería la culminación de ese esfuerzo partidista de quitarse, como serpiente, la vieja piel.

Mi primera entrevista con Peña Nieto cubrió lo que tenía que cubrir. Si quería ser presidente —claro que sí, aunque me dijo que no era el momento de anunciarlo—, sus

27

excesivos gastos de publicidad, las acusaciones de corrupción contra su predecesor, Arturo Montiel, la violencia en el país —"México es un país seguro que enfrenta un fenómeno delincuencial nuevo"— y al final, por no dejar y para tener un trazo más emotivo del entrevistado, le pregunté sobre las causas de la muerte de su esposa. Su respuesta, o más bien su falta de respuesta, se convirtió en noticia y puso en peligro su candidatura.

"Fue algo, intempestivamente", me dijo, atorando la gramática. "Ella llevaba dos años de tener una enfermedad parecida a... se me fue el nombre, de la, de la... el nombre de la enfermedad." "¿Epilepsia?", pregunté, tratando de llenar el incómodo silencio. "No es epilepsia, propiamente, pero algo parecido a la epilepsia", explicó. "Lamentablemente en su momento yo no estaba con ella, tuvo un ataque y lamentablemente perdió la vida. Yo cuando ya la encontré, en su momento, en nuestra recámara, ya estaba prácticamente muerta. El médico, en su momento, explicó ampliamente con los términos médicos que yo no podría hoy señalar, cuál había sido la causa de su fallecimiento."

Esa entrevista fue transmitida por Univision en Estados Unidos pero inmediatamente fue subida a YouTube y a otros sitios en internet. Desde su difusión cientos de miles de personas la han visto y muchos de los comentarios critican a Peña Nieto por no saber de qué murió su esposa.

El video también ha sido flagrantemente alterado (sin mi autorización o la de Univision) y ha sido objeto de burlas y distorsiones hasta convertirlo en una especie de caricatura.

Sin la menor duda será utilizado por los opositores a Peña Nieto durante la campaña electoral.

Eso lo sabía el gobernador antes de nuestra segunda entrevista en febrero de 2011. Y se preparó. Antes de que Peña Nieto llegara a la entrevista, sus asesores me mostraron un "resumen médico" firmado por el médico personal que atendió a Mónica Pretelini y que explicaba las razones de su muerte.

El documento firmado por el doctor Paul Shkurovich, jefe del Departamento de Neurofisiología Clínica del Centro Médico ABC, establece que Mónica Pretelini de Peña, de 44 años de edad, diestra, tuvo un "paro cardiorrespiratorio" tras una "crisis convulsiva" a las dos de la mañana del 11 de enero de 2007. El reporte indica que tenía una 'inflamación severa del tejido cerebral" y que un examen "descartó la presencia de drogas y sustancias tóxicas". A las tres de la tarde del mismo día se corroboró su "muerte cerebral".

Leí todo esto. Pero no me entregaron una copia del documento.

El gobernador, sus asesores y yo sabíamos que ésa sería una de las preguntas de la entrevista. Sería, más bien, *la* pregunta.

La muerte de su esposa

En la última entrevista que tuvimos usted y yo en marzo de 2009 le hice una pregunta sobre cómo había muerto su esposa. Y lo que sorprendió a muchos es que usted no me pudo decir de qué había muerto ella.

Es absurdo pensar, Jorge, que no sepa de qué murió mi esposa. Fue un lapsus no poderte decir que mi esposa sufría en aquel entonces de ataques de epilepsia, que habían derivado en alguna insuficiencia cardiaca y que eso la había llevado a perder la vida.

¿Cómo no tener claro y conocer esto? Simplemente fue un lapsus del que se valieron varios para, incluso, yo creo, reeditar lo que tú habías presentado, y hacer mofa y todo un asunto, prácticamente una caricatura de lo que habíamos entonces comentado entre tú y yo.

Claro que lo tengo muy presente. Fue algo que causó dolor en toda la familia, en mis hijos que estaban todavía pequeños; por supuesto que conocemos a plenitud cuál fue la causa de la muerte de mi esposa.

¿Usted tuvo algo que ver [con la muerte de su esposa]?

No. Cuando yo llego a la casa la encontré prácticamente en estado de shock y sin respiración. Después la trasladamos de inmediato al hospital, la reanimaron nuevamente con todos los medios médicos que se pudieron valer en ese entonces. Pero al final de cuentas, y lamentablemente, ya había tenido ella muerte cerebral por insuficiencia de oxígeno. Así fue como sucedió aquello.

Lamenté mucho todas las descalificaciones y señalamientos que en algunos medios, me parece de forma irresponsable, empezaron a decir sobre la muerte de mi esposa: desde que se había suicidado...

Incluso si usted participó...

Incluso que si hubiera participado [en su fallecimiento]. En aquel entonces le pedí al médico que la estaba atendiendo, y quien era su médico de cabecera —la estaba atendiendo de este mal que la aquejaba de la epilepsia—, que por favor, sin estar obligado a hacerlo, explicara cuáles habían sido las causas de la muerte. Y eso está además registrado.

Creo que se fueron desvaneciendo todas esas tesis. [Hubo] varios medios que dedicaron páginas a hacer de la muerte de mi esposa una calumnia, a difamar las razones de todo esto y sin importarles a quién estaban lastimando.

Lo lamenté muchísimo. Creo que es parte de ese riesgo por estar metido en esta actividad.

¿Usted autorizaría que se hiciera público el documento del doctor?

Por supuesto, yo no tendría empacho alguno.

VIDA PRIVADA Y DINERO

¿Hasta dónde nos podemos meter en tu vida privada?

Mira, yo he defendido el derecho a la privacidad y a la intimidad. Pero también estoy consciente de que cuando eres

31

THE AMERICAN BRITISH COWDRAY MEDICAL CENTER, I.A.P.

NEUROFISIOLOGIA CLINICA
Av. Carlos Graef Fernández No. 154
Col. Tlaxala Santa Fe
Deleg. Cuajimalpa de Morelos.
05300 México, .D.F
Lic. Sanitaria 1005001030
Tel. 16-84-71-00, 16-84-71-04

RESUMEN MÉDICO:

Paciente:	**Mónica Pretelini de Peña**
Edad:	**44 años**
Lateralidad manual:	**Diestra**
Fecha:	**Enero 11, 2007.**

El día de hoy Jueves 11 de Enero del 2007, a las 2:00 am la paciente presentó un evento de PCR (paro cardiorespiratorio) por lo cual fue trasladada al Centro Médico de Toluca. El evento fue secundario a una crisis convulsiva tónica generalizada. Estos eventos los presentaba desde hace aproximadamente 18 meses y se encontraba en estudios, en seguimiento y bajo tratamiento con un medicamento anticonvulsivante.

A su llegada al servicio médico de urgencias en Toluca, recibió el apoyo inicial y a las 3:00 am se decidió su traslado mediante ambulancia al Centro Médico ABC Campus Santa Fé.

A su llegada a Urgencias del CMABC se inició manejo de soporte avanzado y se complementaron los estudios iniciales con una Resonancia Magnética Nuclear de cráneo; ésta documentó edema generalizado (inflamación severa del tejido cerebral), y se decidió el manejo en terapia intensiva. A su llegada al servicio se realizó un perfil toxicológico sérico y urinario que descartó la presencia de drogas y sustancias tóxicas.

A la 11:00 hrs, la exploración neurológica mostró datos clínicos de muerte cerebral y a las 15:00 hrs, éste estado se corroboró mediante pruebas electroencefalográficas y de Potenciales Evocados.

La familia posteriormente autorizó la notificación al Comité de Trasplantes de esta institución para proceder con la donación de órganos vitales.

Dr. Paul Shkurovich

Jefe del Departamento de Neurofisiología Clínica
Centro Médico ABC

Resumen médico donde se consignan las causas de la muerte de Mónica Pretelini de Peña.

un actor público, tu vida privada termina por hacerse pública.

Su boda [con la actriz Angélica Rivera, el 27 de noviembre de 2010] fue muy pública.

Era muy público que me iba a casar. No podía casarme y hacerlo de manera escondida. Era público pero yo no invité a los medios.

Los medios estuvieron ahí. Optamos por no dar la exclusiva a ningún medio. Subimos a internet algunas fotografías y algunas imágenes de lo que había sido un acontecimiento privado. Decidimos compartirlo porque había sido ya un tema notablemente público.

¿Se vale, por ejemplo, hablar de la vida privada del presidente de México? Usted sabe perfectamente de la manta que apareció en el Congreso mexicano que sugería que el presidente Calderón tiene problemas de alcoholismo. ¿Estamos cruzando la línea?

Yo creo que sí hay una línea que va entre lo público y lo privado; creo que quien tiene una responsabilidad pública está en la exigencia y en la obligación de informar y de ser totalmente transparente.

¿Se vale preguntarle al presidente si tiene problemas de alcoholismo?

Yo creo que se vale preguntarle al presidente. Yo creo que para despejar ese tema valdría la pena preguntarle al presidente sobre este tema que ha sido tan polémico. Llevado y traído. En alguna entrevista que alguien le haga, pues que le pregunte. Sí.

¿Cuánto dinero tiene? La razón de la pregunta es muy sencilla. La gente sabe que muchos ex presidentes mexicanos son multimillonarios y yo no sé cómo. Si usted llega a la presidencia, ¿cómo nos asegura que no se beneficiará económicamente de ser presidente?

Mira, Jorge, yo te señalé desde la entrevista anterior que lo que tengo lo he hecho público. Incluso hay una página de internet donde, sin estar obligado, prácticamente di acceso a lo que es mi declaración patrimonial. Cualquiera lo puede consultar. Creo que he sido más que transparente.

Evidentemente por estar en esta actividad pública he sido muy cuidadoso de cumplir con todas mis obligaciones de tipo fiscal. Estoy muy claro, muy tranquilo en esta parte.[*]

El candidato a vencer

Muchos dan por un hecho que el PRI va a ganar la presidencia y que usted va a ser el próximo presidente de México, ¿es una equivocación pensar esto?

Mira, yo espero que no lo sea. Al contrario, yo espero que se reafirme esta especulación. Pero me parece que se ha dado de una manera muy anticipada. Desde hace varios

---

[*] En la entrevista anterior Peña Nieto tampoco quiso decirme cuánto dinero tenía pero me aseguró que no era "millonario".

años se viene hablando del retorno del PRI a la Presidencia de la República y yo sí estoy convencido de que existe una gran posibilidad de regresar a Los Pinos.

¿Por qué lo veo? Porque el PRI ha venido experimentando una transformación al interior del partido. Lo más importante es [que el PRI] ha tenido una responsabilidad pública que ha tenido resultados tangibles para la población. Y también está el desgaste del gobierno actuante. Evidentemente es parte de un proceso de toda democracia. El PRI despierta una gran esperanza entre la población mexicana.

Estaba viendo las encuestas. A usted lo ponen como el favorito para ganar la presidencia de México. Sin embargo, muchas veces los punteros no necesariamente llegan a la presidencia. ¿Le preocupa esto?

Mira, ésa es una de las razones por las cuales —a pesar de que me han apurado y me han empujado para que tenga una definición sobre lo que voy a hacer de cara al 2012— he sido muy claro y muy puntual. Tengo hoy una responsabilidad como gobernador del estado, estoy en la recta final de mi gestión, concluyo en septiembre de este 2011, y entonces tomaré una definición.

¿Usted quiere ser presidente de México?

Yo creo que para todo político alcanzar esta alta magistratura resulta un gran reto y una gran oportunidad, y sin duda un gran desafío en lo personal.

Es sólo si quiere ser presidente o no...

En cuanto a mi participación, como eventual candidato, [la decisión] la tendré hasta que concluya mi gestión como gobernador.

Si no es usted, ¿a quién le gusta [como candidato presidencial] dentro del PRI?

Pues mira, por lo mismo que no especulo sobre tu servidor, tampoco especulo sobre los demás.

NARCOTRÁFICO Y VIOLENCIA

Desde el exterior, cuando hablamos de México, la gente piensa en narcotráfico y violencia. ¿Hay que negociar con los narcos? ¿Se ha equivocado Felipe Calderón en su estrategia?

Mira, es lamentable que la opinión que se tenga de México en el mundo sea solamente por ese tema: narcotráfico y violencia. Creo que la estrategia del gobierno ha sido insuficiente e inadecuada.

Creo que en un primer impulso fue acertada, sobre todo por enfrentar al crimen organizado de manera contundente, clara, incluso con la participación del Ejército Mexicano.

¿Está bien lo que hizo Calderón?

Eso me parece que fue acertado. Sin embargo creo que no se ha afinado. Creo que han faltado los pasos siguientes a esta primera definición que nos permitiera afinar la estrategia, sobre todo en la prevención del combate a la inseguridad.

Hay muchos temas que están vinculados en materia preventiva, que van desde el modelo educativo. [Hay que] evitar que nuestros jóvenes vean el dedicarse al crimen organizado como una opción de vida. Nos ha faltado crecer económicamente, nos ha faltado generar oportunidades de desarrollo personal, de empleo para los mexicanos.

Nadie, en su más sano juicio, ha señalado que hay que negociar con los del narco.

¿El PRI nunca negoció con narcos?

Ése ha sido un señalamiento en el ánimo de descalificar al PRI. Estamos enfrentando un fenómeno totalmente distinto. Lo que vivió el PRI, cuando fue un partido en el poder, no era lo que hoy vivimos. Fue otro escenario, fue otra realidad. Pretender hoy descalificar al PRI por este señalamiento infundado, jamás probado, me parece verdaderamente aberrante.

Pero insisto: no cabe ninguna negociación con el narcotráfico o con los narcotraficantes. No cabe ningún acuerdo con el crimen organizado. La ley se aplica, punto.

Feminicidios y aborto

Hablando de aplicar la ley, las últimas cifras que tengo indican que hubo 944 mujeres asesinadas en el Estado de México [de 2005 a 2010]?

Nunca dejamos de reconocer este fenómeno, de atenderlo. Recientemente, incluso, convocamos a un foro donde pudiéramos fortalecer las políticas públicas sobre cómo combatir al feminicidio. Es un fenómeno que se da en todo el país.

Sí, pero en el Estado de México ha sido particularmente fuerte.

No. A ver, Jorge, déjame darle dimensión al caso del Estado de México. No es que nos hayamos opuesto a darle atención al tema. Nos opusimos al juicio que se cernió sobre el Estado de México con el ánimo de generar una descalificación política.

Es más, yo te diría que la tasa que tenemos hoy en este delito en particular es similar a la media nacional. Es un tema que tiene una razón multifactorial, no es un tema solamente de condición de un estado. No somos el estado donde más ha crecido el feminicidio. Por el contrario, pasamos de ser el primero a ser el onceavo en datos del INEGI.

¿Qué piensa usted sobre el aborto? ¿Es algo que usted permitiría dentro de su familia?

Mira, yo soy respetuoso de quien ha optado por una decisión de aborto. Ojalá y evitáramos el llevar a una mujer a que tuviera que tomar una decisión de esta naturaleza. Personalmente he señalado el no compartir la decisión del aborto.

Hay condiciones muy particulares en las que sí estoy a favor: que es el caso de violación, el caso de malformación congénita, los casos que la propia ley en el Estado de México prevé.

PUBLICIDAD

Sin duda, usted quiere promover el Estado de México, pero una de las principales críticas es que sus anuncios de televisión salen a nivel nacional. Cien millones de dólares ha sido el presupuesto para publicidad [en cinco años].

Ojalá fuera tanto. Es muy por debajo de lo que otros gobiernos dedican a esto. Somos la entidad más poblada del país con 15 millones de habitantes. Yo te diría que somos quizá las únicas dos entidades —Distrito Federal y Estado de México— donde la manera de poder llegar a esta población es valiéndose de los medios nacionales.

Pero la acusación es que utiliza presupuesto del estado para promover su candidatura como presidente.

Me parece que eso se ha vuelto un mito. No es para promoción personal.

Usted es gobernador del Estado de México y estos anuncios salen a nivel nacional. Obviamente le ayudan a su imagen para ser presidente.

No es el caso.

Entonces, ¿cuál es la cifra [de gastos en publicidad]? Me refiero a todo lo que ha gastado hasta el momento.

Ah, bueno, en todos los cinco años. Ojalá sumaras también todo lo que ha gastado el gobierno federal, el gobierno del Distrito Federal y los gobiernos de otras entidades. Resulta que al único que le prestan especial atención es a lo que el Estado de México gasta en difusión y comunicación de gobierno.

Carlos Salinas de Gortari y Arturo Montiel

¿El ex presidente Carlos Salinas de Gortari está detrás de su candidatura?

Con él y con todos los ex presidentes tengo una buena relación. Tengo una relación de respeto, tengo una relación cordial con todos, pero hasta ahí llega esta relación.

¿Carlos Salinas de Gortari es su asesor?

No, no lo es. No lo es, ni él ni ningún otro ex presidente. Es una relación cordial que guardo con todos los ex presidentes y se me ha visto con todos.

¿No tendría Salinas de Gortari ningún puesto en su gobierno en caso de que usted llegara a la presidencia?

No lo tendría. No lo tengo como asesor. No participa de ninguna otra forma dentro de la gestión de mi gobierno.

¿Qué piensa sobre las acusaciones de que el presidente Salinas de Gortari permitió que su hermano Raul se enriqueciera mientras él estuvo en la presidencia?

Pues mira, yo no conozco los detalles del tema. Yo no los conozco como para emitir un juicio propio. Yo evitaría hacer un juicio personal sobre el tema, simplemente para no generar una mayor polémica.

¿Usted estaría dispuesto a meter en la cárcel al ex gobernador del Estado de México, Arturo Montiel?

Mira, he señalado que hay que aplicar la ley, y que él y cualquier otro mexicano tiene derecho a su defensa. Incluso dimos toda la información a la Procuraduría General de la República.

En su opinión, ¿fue Arturo Montiel un gobernador corrupto?

Yo creo que hay una percepción sobre él en este sentido. Pero a final de cuentas ha tenido el derecho a su defensa. No me corresponde en lo personal hacer un juicio sobre él.

41

Twitter

¿Usted tiene cuenta de Twitter?

No la he abierto, pero seguramente lo estaré haciendo en los próximos días.

¿Por qué teniendo su edad [44 años] no tiene Twitter?

La tienen todos mis hijos.

Menos usted.

Es un asunto al que tienes que prestarle personal atención. Es un asunto que, si no lo vas a hacer personalmente, no tiene caso. Tendré que entrar en esta disciplina porque cada vez va a haber más mexicanos que se valgan de este medio para tener comunicación. Hoy tengo Facebook, tengo el blog, tengo la página del gobierno del estado.

¿Se puede llegar a Los Pinos sin Twitter, sin Facebook, sin estas redes sociales?

Las redes sociales, me parece, facilitan el mayor conocimiento de un actor de la política. Al final de cuentas, en una carrera por una presidencia, lo que buscan [los electores] es conocer más a la persona, qué piensa, qué haría en ciertos escenarios, qué propone, cuál es su pensamiento, cuáles son sus convicciones, cómo es en lo personal. Lo voy a hacer porque me interesa esta comunicación.

Última pregunta

La última pregunta, ¿cómo le suena presidente Peña Nieto?

Pues anticipado, porque todavía no llega el 2012.

⌘Posdata: "Cuando nadie me ve"

No había la menor duda. Peña Nieto estuvo mucho mejor preparado para esta segunda entrevista que para la primera. Nada es coincidencia en política.

El hecho de que tuviera preparado para la entrevista el "resumen médico" sobre la muerte de su primera esposa es el indicativo más claro de que sabía por dónde irían los tiros. Y es válido. Él sabía que ese asunto saldría, inevitablemente, durante la campaña electoral y prefirió airearlo antes. Se vale.

Así neutralizó a un par de sus enemigos políticos que con poca sutileza se me habían acercado para "avisarme" que la primera entrevista, donde Peña Nieto no supo el nombre de la enfermedad que mató a su esposa, sería eliminada de internet, pero que posteriormente se usaría en su contra durante la campaña presidencial. No dudo que el tema resurja pero nunca con la misma fuerza.

La segunda entrevista ocurrió por solicitud mía, no de él. Pero cuando apareció la oportunidad, Peña Nieto entendió que valía más la pena enfrentar —a la "americana"— un asunto complejo y bochornoso que evitarlo. Y cuanto antes mejor. Así es como hacen las cosas los políticos norteamericanos. Cuando tienen una bronca o están sumidos en una crisis, enfrentan el problema —generalmente con un libro, una entrevista o en una conferencia de prensa—, piden disculpas, desaparecen un tiempo prudencial de la vida pública y luego regresan renovados. Después de ese proceso casi religioso —culpa, confesión, penitencia y resucitación— el político puede reinventarse como quiera. Así salió George W. Bush de las acusaciones de alcoholismo que habían llegado hasta la misma Casa Blanca.

Antes de la entrevista escuché todo tipo de críticas en contra de Peña Nieto. Unas más pesadas que otras. La más frecuente es que se trataba sólo de un "fenómeno mediático" que podría desaparecer como la espuma, tan pronto tuviera que valerse por sí mismo en un debate o en entrevistas no arregladas por adelantado. Cierto o no, algo debe de estar haciendo bien Peña Nieto para tener positivos tan altos y negativos tan bajos, de acuerdo con los datos que vi en la encuesta hecha en febrero de 2011 por Univision y Parametría. No puede ser ningún improvisado alguien que llegó a la gubernatura del estado más poblado del país y que, mes con mes, ha mantenido su posición de favorito en las encuestas. Todos, dentro y fuera del PRI, están esperando el momento en que Peña Nieto se caiga. Pero hasta el momento sólo han sido resbalones y no caídas.

La primera vez que lo entrevisté, en el palacio de gobierno en Toluca, quedó claro que estaba hablando con un gobernador con poca experiencia en entrevistas a escala internacional. La verdad no estaba bien preparado. Cometió errores y los pagó en internet durante dos años.

Esta vez me encontré con un político que claramente está buscando la presidencia y que se siente más a gusto con la prensa mundial. No es, para ser preciso, el más relajado, el más dicharachero ni necesariamente el mejor entrevistado. Pero ahora parece aguantar todo y, cuando no le gusta algo, te para, corrige, clarifica y contraataca. Eso es nuevo.

Sus trajes son demasiado cuadrados y duros. Van en armonía con la estructura inamovible de su cabellera. Y eso lo hace ver de mayor edad. Eso lo hace ver muy priísta, casi viejo.

Sin embargo, luego de la entrevista me jaló a un pequeño salón, y por fin lo vi joven y relajado. Pidió una Coca *light*, yo pedí una normal, y nos pusimos a platicar. Dejó a un lado su postura de gobernador y candidato y deslizó la espalda por la silla hasta que se curveó. Ahí, y solo ahí, se soltó.

Me volvió a hablar —en un tono absolutamente personal, casi confesional, emocionado, dolido— sobre esos terribles momentos cuando encontró casi muerta a su esposa en su recámara. Ya no repetía el reporte médico. Sonaba sólo como un hombre que había perdido a su mujer en una noche.

Y luego pasó algo que no esperaba. Él me preguntó por la actriz con quien yo ya no salía y yo le pregunté a él por la actriz con la que se había casado. *Too much information*, pensé, sonriendo, entendiendo que en esta época casi nada es secreto. Pero el raro momento de absoluta soltura del gobernador me recordó esa canción de Alejandro Sanz que dice: "Cuando nadie me ve…"

De pronto lo vi erguirse en la silla. Había otra cita. Otro evento. Otro discurso. Se despidió y vi alejarse su espalda enmarcada por un traje azul y la parte de atrás de su cabeza sin un solo pelo fuera de lugar.

¿Peña Nieto sería un buen presidente?
"Sería un gran candidato."

Cortesía: Univision

Manlio Fabio Beltrones
De dinosaurios y transiciones

Manlio Fabio Beltrones lo ha hecho todo en la política mexicana. Todo. Es, sin duda, el de mayor experiencia entre todos los posibles candidatos presidenciales. Ningún otro aspirante, como Beltrones, ha sido gobernador de un estado grande, como Sonora, diputado, presidente del Senado de la República, subsecretario de Gobernación, y ha ocupado casi todos los puestos importantes dentro del Partido Revolucionario Institucional.

Pero tener experiencia cuando el PRI gobernaba al país como su hacienda privada no es, precisamente, algo que se pueda presumir. Su mentor —según citan muchos artículos de prensa— fue el legendario Fernando Gutiérrez Barrios, el operador, el que según tanto admiradores como detractores "sabía todo lo que pasaba en México". Es decir, Beltrones aprendió cómo se aplicaba la mano dura de primera mano, y de la mano más dura.

Beltrones viene de la época cuando los presidentes escogían a sus sucesores por dedazo, la censura de prensa era la norma, los fraudes se orquestaban desde Los Pinos y la Secretaría de Gobernación, y los opositores políticos eran neutralizados con dinero, con amenazas o con balas. Ésa es su experiencia. Pero seríamos injustos con él si nos quedáramos ahí.

El senador sonorense formó parte de esa transición hacia la alternancia política en el año 2000, cuando el PRI no tuvo más remedio que ceder la presidencia. ¿Por qué no lo hicieron antes? Eso va para los historiadores y para los priístas que nunca se atrevieron a jugar en la democracia. Para ellos, claro, era más fácil gobernar desde el autoritarismo. Pero eso, afortunadamente, ya pasó.

Nací en 1958, con el PRI en el poder. Crecí con el PRI en el poder. Y pensé que me iba a morir con el PRI en el poder. Por eso, en parte, me fui de la ciudad de México a Los Ángeles en 1983. Sabía que en México no podría ser un periodista libre y no tuve el valor ni la paciencia de otros —como mi hermana Lourdes— de quedarme a promover el cambio desde adentro. Mi labor fue desde afuera. Y por eso, también, cuando el PRI perdió las elecciones del 2 de julio de 2000, bailé, lloré y jugué un partidito de futbol frente a la mirada atónita y desconcertada de unos militares que (des) cuidaban el Zócalo capitalino.

El entonces presidente Ernesto Zedillo no tuvo más remedio que ceder ante lo inevitable y reconoció el triunfo de la oposición y del candidato panista, Vicente Fox. Beltrones, dicho sea de paso, no es amigo de Zedillo, ni nunca lo fue. Zedillo llegó a la presidencia "por un accidente", me dijo.

Muchos priístas, incluyendo a Beltrones, nunca denunciaron la falta de democracia antes de que aconteciera aquella heroica jornada cívica donde los mexicanos acabaron con siete décadas de PRI. Nunca. Por eso ahora pocos les creen cuando dicen que son demócratas convencidos.

Beltrones y el PRI se ajustaron y aprendieron a maniobrar bajo las nuevas reglas del juego. No es para darles las gracias luego de siete décadas de autoritarismo, muerte, fraude y corrupción, pero "permitieron" que el país se moviera hacia una verdadera democracia. Y luego, como maestros en el arte de sobrevivir políticamente, fueron construyendo su plan para regresar al poder.

El poder en México es sólo uno: la presidencia. Es cierto que el Congreso y los jueces son cada vez más independientes. Le pueden hacer la vida imposible al Ejecutivo. Pero quien dirige los destinos de México es el presidente. Somos un país de tlatoanis, virreyes y presidentes. El número dos no cuenta. Es sólo el uno.

Y sorprende la capacidad de adaptación de Beltrones. Educado (y beneficiado) en las más sucias estrategias para ganar elecciones, ahora sabe que las reglas son otras y las ha aprendido como el mejor. El juego se llama llegar al poder y él quiere ser el mejor jugador del partido.

No lo conocía. Llegó a la oficina de Univision sobre Paseo de la Reforma, frente al Ángel de la Independencia. De pronto su imagen me regresó a ese México del que yo me fui a principios de la década de 1980. Era el político exageradamente cuidadoso de las formas, los saludos, las sutilezas, las miradas y de cada palabra. El traje y la camisa estaban cortados a su medida. No faltaba ni sobraba. La corbata caía exactamente en ese lugar oscuro donde cubre la hebilla del cinturón pero sin mostrarse debajo del saco. Las manos y las uñas recién atendidas por expertas. Rasurado al ras pero sin dejar huella de la diaria masacre matutina. El bigote, negro todavía, tupido pero sin estorbar.

Nada se le escapaba. Entró en el salón donde grabaríamos la entrevista y cambió el aire. Silencio. Todos en silencio para ver qué diría Beltrones.

Beltrones es, sobre todo, un sobreviviente político. A su edad, muchos líderes priístas están ya retirados y disfrutando sus (mal habidos) millones en sus casas del Pacífico mexicano y hasta del Mediterráneo. Él no. Él sigue doblando y desdoblando los complicadísimos rincones de la política y la politiquería en México. Pocos como él para entender qué pasa en el país y qué se necesita para resolver sus problemas. Si él fuera presidente... pero no lo es. No todavía.

Poner orden y rumbo

Las últimas encuestas sugieren que el PRI, *su partido, puede regresar al poder. ¿Cómo están cambiando esa imagen que tenían de un partido antidemocrático, violento, corrupto?*

A mí lo que me preocupa no es que las encuestas digan que vamos a ganar, sino que ganemos por una inercia que trae la decepción de malos gobiernos en los últimos años. Lo que tenemos que hacer es acompañar esa decepción con planteamientos nuevos: [pensar] qué hacer para crecer en el futuro, cómo resolver el problema de la desigualdad. Pero no simplemente con un discurso, sino con las nuevas instituciones. A México le falta un presidencialismo moderno.

Y necesitamos una reforma hacendaria que nos haga tener más recursos pero gastarlos mejor. Tenemos en México el presupuesto más alto que haya conocido gobierno alguno. Entonces tenemos un gobierno rico con resultados muy pobres.

El hecho de que mucha gente piense en el PRI *como una posibilidad para 2012, implica que lo ven como un partido de mano dura. Es decir, quieren la estabilidad que había antes frente a los enormes problemas de la violencia y el narcotráfico.*

Nuestra propuesta es más bien poner orden en el país. Es necesario.

¿Con mano dura?

No. Orden. No se necesita mano dura sino orden. Que las cosas sucedan en México. Que no simplemente estén pasando las que se ocurran. Que suceda el crecimiento económico, que se acabe con la violencia. Orden. Ésa es la discusión que viene en el PRI antes de las candidaturas presidenciales. ¿Para qué queremos volver al poder? ¿Para qué queremos ganar las elecciones de 2012?

La respuesta es...

La respuesta es para poner orden y rumbo. Orden y rumbo significan menos violencia, menos narcotráfico. Más crecimiento económico, empleo y destino. Hoy en día tú les puedes preguntar a los mexicanos a dónde los llevan, y el 95 por ciento de ellos no saben.

NARCOTRÁFICO Y EMPLEOS

¿El próximo presidente de México va a ser escogido a partir de qué tanto pueda controlar el narcotráfico y la violencia?

No. El tema central deberá ser crecimiento económico y empleo. Quién nos recupera, quién nos recupera el crecimiento económico y el empleo. Como dicen las sagradas escrituras, lo demás viene por añadidura. Porque si tenemos crecimiento económico y empleo podemos tener una estrategia mucho más firme, mucho más inteligente para acabar con la violencia que trae la delincuencia y el narcotráfico.

Esto es un tema de política pública. No es una ocurrencia ir a atacar al narcotráfico y a la delincuencia que son los enemigos de este país. Pero lo debemos hacer a través de una política pública de salud.

Cuando ustedes estaban en el poder, ¿negociaban con los narcos?

Eso es mentira. No es cierto, pero eso es mentira. Ustedes creen que un presidente de la República dijo: "Quiero llegar a ser presidente de la República para negociar con un narcotraficante". Nada más alejado de la realidad. Si era un presidente corrupto, no necesitaba negociar con el narcotráfico; tenía muchas formas de hacerse de recursos.

Un alto funcionario priísta que no puedo mencionar, porque fue una entrevista off the record, *me dijo: "No voy a permitir que mueran mexicanos cuando las drogas van hacia los Estados Unidos y los norteamericanos".*

Me parece que es una falsa salida la de ese funcionario mexicano. De ninguna manera.

El PRI, ustedes, ¿nunca negociaron con los narcos?

No, no. Es muy importante el que se diga. Me niego a aceptar que las altas jerarquías de funcionarios públicos, como los presidentes de la República, pudieran intentar negociar con el narcotráfico. Pudo haber priístas, puede haber panistas, puede haber perredistas, que han negociado con ellos. Pero ésa no es la salida.

Negociar con el narcotráfico o la delincuencia es una salida falsa. Al final de cuentas llega y surte efectos peores que el de haberlos combatido. Yo creo que es el combate, pero un combate inteligente. Y no me refiero solamente a la inteligencia pura, sino a la inteligencia institucional, a la combinación de inteligencias entre los Estados Unidos y México que nos permita ser superiores que ellos.

Hoy en día la violencia viene porque hemos confrontado capacidad de fuego con ellos. La salida es golpes inteligentes, tiros de precisión, no escopetazos que nos están dejando muertos que ya no son delincuentes.

El artículo del *New York Times*

El 10 de abril de 1997 el diario *The New York Times* publicó un artículo escrito por Sam Dillon donde se informaba que el gobierno del presidente Bill Clinton estaba considerando quitarle la visa norteamericana al gobernador del estado de Sonora, Manlio Fabio Beltrones.

Beltrones, según el artículo, había sido identificado por los servicios de inteligencia de Estados Unidos como un "aliado de los poderosos cárteles de las drogas" ("*associate of powerful drug traffickers*"). El entonces embajador de Estados Unidos en México, James R. Jones, había solicitado la información secreta para tomar una decisión sobre la visa de Beltrones. El ahora ex gobernador negó las acusaciones y dijo que la información estaba plagada de errores, y que fue inventada y plantada por sus adversarios políticos.

Senador, le tengo que preguntar sobre un tema incómodo. Es el famoso artículo del New York Times, donde a usted lo acusaban de narcotráfico.

Gracias por preguntarme. Es un viejo artículo.

Que va a volver a salir, si usted se lanza [a la presidencia].

Es un viejo artículo que obviamente me lastimó y que se publicó en un gran periódico. Me hizo a mí poner una denuncia por difamación y calumnias. Se hizo una investigación cuya conclusión fue que era harto falso y calumnioso.

Yo acabo de estar en octubre [de 2010] en Estados Unidos en el periódico *New York Times*, donde tuve la oportunidad de platicar con uno de los más importantes editorialistas y las preguntas fueron sobre México y su futuro. Lo he hecho también en el departamento de Estado en los Estados Unidos. Lo he hecho en el Congreso de los Estados Unidos, platicando con Harry Reid [el líder del Senado], buscando salidas a los problemas de migración. Y nunca [discutimos] sobre este tema. Es incómodo, pero qué bueno que ya quedó muy superado. Sobre todo porque fue harto falso y calumnioso.

CÓMO LE VA A GANAR A PEÑA NIETO

Las encuestas sugieren que Enrique Peña Nieto va adelante, ¿cómo le va a ganar usted al gobernador mexiquense?

Bueno, yo lo que pretendo, primero, es poner sobre la mesa para qué queremos ganar —qué queremos hacer cuando ganemos—, antes de pensar en quién va a ser el que gane [la candidatura]. De no ser así, seguiremos en la mediocridad en la que nos encontramos.

El PRI está obligado, como lo dijera uno de sus principales ideólogos, hoy más que nunca, a fijar antes su programa: a dónde quiere ir, a dónde quiere llevar a los mexicanos. Posteriormente debe escoger a su candidato, el candidato más competitivo. Si es así, nos vamos a poner de acuerdo rápidamente.

¿Peña Nieto sería un buen presidente?

Sería un gran candidato y como presidente tendríamos que ver qué es lo que plantea para el futuro. Por eso el PRI tiene que discutir para qué queremos ganar el poder.

¿Usted quiere ser presidente de México?

Bueno, ¿qué mexicano con la capacidad y la experiencia que pudo haber acumulado no le gustaría estar al frente de la solución de los problemas? Uno de ellos soy yo. Pero entiendo perfectamente los tiempos. Y los tiempos vendrán no muy tarde —a finales de este año o a principios del otro— después de que yo ponga sobre la mesa para qué queremos regresar al poder.

Le tenemos que decir a los mexicanos, y a los mexicanos que viven en Estados Unidos, que el PRI aprendió la lección.

Sabe en qué se equivocó, sabe también en qué acertó. Pero en lo que más confía es en hacer las nuevas instituciones para que México cambie, para que nuestros paisanos se dejen de ir a los Estados Unidos.

Pero usted sabe la imagen que tiene el PRI. *Fue un partido antidemocrático durante siete décadas: fraudes en las elecciones, presidentes por dedazo, asesinatos —basta mencionar la masacre de 1968—, corrupción. Muchos funcionarios priístas son multimillonarios ahora. ¿Cómo se quitan esa imagen?*

Sí, fue quizás eso: más estabilidad económica, más crecimiento económico, más creación de las instituciones que le dieron fortaleza al país; más de aquel [partido] que propició y estuvo atento en la alternancia, y el que debe hacer la transición. Son los claroscuros. Nadie es perfecto.

Yo le pregunté sobre lo malo y usted me habló de lo positivo.

Nadie es perfecto. Por eso dije: aprendimos de nuestros errores. Si regresamos, los mexicanos van a tener la confianza de que haremos las cosas de manera distinta. Mira, Jorge, yo soy un político que viví el partido hegemónico de esos años.

Como gobernador, subsecretario...

Pero también soy un político que viví la transición a plenitud. Soy un político que quiere ver la transición acabada, aquella que genere las nuevas instituciones para que México regrese a las épocas de crecimiento económico y empleo, a las de seguridad, aquella seguridad que se añora desde hace años.

¿A usted le molesta que lo identifiquen con el grupo de dinosaurios? Es la palabra que usan los mexicanos para identificar a los priístas: dinosaurios del pasado.

Soy una gran combinación: aquella combinación dinosáurica de venir del partido hegemónico, aquella que vio en este país la alternancia, y aquel que está visualizando mejor que nadie la transición. He puesto sobre la mesa los grandes cambios que debe sufrir este país. Los estoy discutiendo con los nuevos conservadores, no nada más de mi partido, sino de otros partidos políticos. Con los que piensan que no hay que hacer cambios en el país; no se dan cuenta de que México ya cambió, de que los que necesitamos cambiar somos nosotros.

Pero México no ha cambiado tanto. Vemos ex presidentes priístas o ex funcionarios priístas multimillonarios. Yo le he sumado los salarios a muchos de estos funcionarios ex presidentes y no da con el tipo de vida que tienen. ¿Cómo quitarse esa imagen?

Ellos tienen sus propias explicaciones. No es quitarnos esa imagen sino generar la nueva imagen. Y esa nueva imagen deberemos aprenderla de experiencias que no son tan nobles, como algunas que tuvimos en el pasado.

¿Cuánto dinero tiene usted?

Bueno, yo soy un hombre que tengo una vida cómoda en base a que he vivido ordenadamente. Tengo un patrimonio hecho con enorme esfuerzo —tanto yo como mi familia— y que me permite a mí decir con certeza que no necesito dinero mayor. Creo ser uno de los políticos más auditados en este país por diversas causas y razones. Espero que sean casuales y no políticas, y me siento sumamente tranquilo con las mismas.

¿Estaría dispuesto, en caso de que se lanzara por la presidencia oficialmente, a presentar su declaración de impuestos, a hacerla pública?

Nadie que busque la presidencia podrá ser ajeno a presentar su declaración de impuestos públicamente y también su declaración de bienes.

¿Estaría dispuesto?

Claro, yo lo hago constantemente. Lo hago año con año con mi declaración de bienes y la deposito en la Auditoría Superior de la Federación. Y año con año entrego también mi declaración de impuestos para que la revisen. Chequen si es real o no.

CALDERÓN Y LA MANTA

¿Qué es lo mejor que ha hecho Felipe Calderón?

Pues actuar decididamente en contra de la delincuencia y del narcotráfico. Creo que le hubiera ido mejor si antes hubiese hablado con todos aquellos que están seguros de que es necesario combatir al narcotráfico y a la delincuencia en donde se encuentren. Pero como fue inconsulta su decisión, no ha logrado convocar a mayor número de gente. Al Ejército lo tiene en la calle, desgastado, y las instituciones policiacas todavía no maduran para sustituirlo. Lo que ha hecho bien le ha salido mal.

¿Qué es lo peor que ha hecho Calderón?

No fomentar el crecimiento económico de este país a través de las nuevas instituciones que permitan la modernización del presidencialismo. Él se ha resistido a modernizar el presidencialismo mexicano, se ha opuesto a la autonomía de los órganos reguladores que dan certeza jurídica más allá de los gobiernos. Y tampoco ha concebido una nueva fórmula hacendaria que permita cobrar menos y recaudar más.

Sobre la manta que apareció en el Congreso mexicano sugiriendo que el presidente Calderón tenía problemas personales con el alcoholismo, ¿se valen este tipo de ataques personales en la política mexicana?

Claro que no. La división de poderes que existe en la Constitución, y que está salvaguardada por nuestras leyes, no es para ofender con vulgaridades a los políticos o a los adversarios. Hay otras formas.

Como periodista, ¿se vale preguntar sobre la salud del presidente?

Bueno, como periodista se vale. Pero como políticos y legisladores lo que tienen que hacer antes es cumplir con su deber, en lugar de intentar difamar a las personas. En esto yo ahí me quedo.

¿Usted teme que lo secuestren en México?

Yo no. No obstante tomo mis precauciones. La verdad es que nadie puede hoy en día decir que se siente seguro en México, aun cuando también nadie puede decir que en todas partes de México existe violencia.

¿La imagen de México en el exterior [como un país violento] está exagerada? Es un país sumamente violento. He visto las estadísticas; es uno de los países más peligrosos para el secuestro.

Sí, y creo que en esto hay que poner orden también. Urge en México una nueva estrategia de combate a la delincuencia, al narcotráfico. Sobre todo más coordinada con Estados Unidos.

Yo platiqué hace poco con [la ex secretaria de Estado norteamericana] Madeleine Albright y le decía: démonos una nueva oportunidad de confiar entre nosotros, compartiendo información para combatir de mejor manera a la delincuencia. Y entonces tendremos tiempo para discutir lo importante. Lo importante es que México vuelva a crecer, que genere empleos para todos los mexicanos, y que evite estas migraciones hacia los Estados Unidos.

México no es Egipto

Hay algún tipo de comparación que pudiéramos hacer entre Egipto y México. Tenemos enormes cantidades de jóvenes que no encuentran trabajo en este país y que se empiezan a dedicar a otras cosas. ¿Hay peligro en México de manifestaciones violentas, de protestas violentas [como las de Egipto]?

México no es Egipto. Obviamente tenemos muchos problemas derivados de la falta de crecimiento y desempleo. Pero tenemos también instituciones mucho más democráticas que las que tienen en Egipto, que además nos dan salidas. Lo que tenemos que hacer ante tantos problemas es modernizar nuestras instituciones para evitar que este tipo de conflictos —sobre todo con la gente más educada— se presente en México.

Yo recuerdo que el ex presidente Fox y el presidente Calderón me prometieron —yo creo que en esta misma oficina—

crear un millón de empleos al año. No pudieron hacerlo. Al no poder cumplir esa promesa, ¿qué pasa en México?

Ha crecido la pobreza, pero sobre todo la desigualdad. Y con esto muchos de los problemas adicionales que vienen con la pobreza y la desigualdad, que son la delincuencia y la violencia.

En el 2009 fuimos los campeones del decrecimiento en el mundo. Decrecimos siete puntos del producto interno bruto. Esto era suficiente como para que en México hubieran estallado movimientos sociales, que no los vimos porque hay instituciones muy sólidas.

¿El PRI hubiera podido cambiar eso? ¿Es justo culpar a Felipe Calderón y al PAN de esa crisis cuando fueron las circunstancias mundiales las que evitaron un mayor crecimiento económico de México?

Es posible que no. No obstante, las grandes instituciones en este país se crearon en el PRI. No conozco institución adicional que se haya creado en los gobiernos panistas.

"ME SUENA EXCELENTE"

¿Le suena bien presidente Beltrones?

No me suena bien, me suena excelente.

Cortesía: Univision

❧Posdata: el libro

Beltrones sabe que antes de que él gane, Peña Nieto tiene que perder. Y ésa es su apuesta. Si la candidatura de Peña Nieto se resquebraja, él está más que listo para retomar la estafeta del partido.

No me lo dijo directamente, pero la anécdota que me contó después de la entrevista fue más que elocuente. Tanto Calderón como Obama vinieron de atrás para ganar la elección, me dijo. Nadie creía al principio de la contienda que podrían ganar. Es más, apuntó, ni siquiera figuraban en la lista de presidenciables. Beltrones, no hay la menor duda, lleva años preparándose para ser presidente.

Curiosamente, más que oírlo, Beltrones quería que lo leyera. Tras nuestra conversación, me entregó una copia de su libro *Pensamiento y discurso 2010*, una compilación de sus discursos, ensayos y conferencias.

Éste es un político que se ha modernizado, pensé. Y recordé los libros que John F. Kennedy y Barack Obama habían escrito antes de convertirse en presidentes. Promover el libro era, al mismo tiempo, promover su candidatura y ganar tiempo en los medios de comunicación. Pero, en el fondo, el mensaje es el mismo: quiero que me conozcas.

Amigos y enemigos hablan de la "caballerosidad" de Beltrones. Y eso fue patente en la dedicatoria del libro: "Aunque preocupado por su poco tiempo libre, pongo este libro en sus manos, con la esperanza de que aquí encuentre la visión que la experiencia le ha dado a un mexicano, que propone ordenar la transición después de la alternancia".

"Si no lo va a leer todo, al menos léase el prólogo de Diego Valadés", me dijo, citando al investigador de la Universidad Autónoma de México. Y lo hice: "En las páginas que siguen —escribió Valadés— figura un compromiso con la renovación". La palabra era exacta para describir a Beltrones. Estaba frente a un político renovado, un verdadero sobreviviente de la política mexicana. Y ya eso es mucho decir.

"Ganamos la elección presidencial. Calderón no ganó. Se robaron la presidencia."

Cortesía: Univision

ANDRÉS MANUEL LÓPEZ OBRADOR
El "presidente legítimo"

López Obrador está absolutamente convencido de que hay un complot, un gran complot en México, para evitar que él llegue a la presidencia. Y tiene varios ejemplos para probarlo. El primero fue el "desafuero" que sufrió cuando era jefe de gobierno de la ciudad de México.

El domingo 24 de abril de 2005, según cifras del PRD, más de un millón de personas se reunieron en el Zócalo para protestar contra el desafuero del político tabasqueño. López Obrador había sido acusado de violar la ley, y la Procuraduría General de la República, bajo las órdenes del presidente Vicente Fox, había iniciado un proceso para quitarle su inmunidad jurídica. Mientras durara el juicio, López Obrador no podía lanzarse como candidato presidencial. Era, desde su punto de vista, un claro esfuerzo de Fox y su gobierno para boicotear su candidatura.

"¿Cómo le fue?", le pregunté poco después de que terminó la marcha. "Nos fue bien", me dijo López Obrador, como si no se tratara de una de las manifestaciones más grandes en la historia de México. Venía contento y muy asoleado. Una pestaña desprendida o un pedacito de basura le había puesto rojo el ojo izquierdo. Pero ni eso le afectó el ánimo. Los mexicanos que asistieron a la manifestación "no quieren que se les arrebate su derecho a elegir —me dijo y añadió—: el desafuero, el pretender hacerme a un lado, no sólo me afecta en lo personal sino que es un golpe a la incipiente democracia mexicana".

"¿Quién no quiere que usted llegue a la presidencia? ¿Es el presidente Vicente Fox?", le pregunté. "Sí", dijo sin titubear, casi interrumpiéndome. "Yo considero que sí es el presidente; esto se fraguó, se tramó en Los Pinos... Es un complot, una confabulación con Salinas [de Gortari]." "¿Pero por qué Carlos Salinas de Gortari?", brinqué. "Él es un ex presidente..." "Sí —se adelantó el entonces alcalde capitalino—, pero todavía tiene mucha influencia."

Poco antes, el presidente Vicente Fox había dicho que el desafuero de López Obrador era un ejemplo de cómo se aplicaba la legalidad en México. "No es cierto, no violé la ley, no hay ningún delito", respondió con firmeza. "Mira, hay 16 mil hojas en el expediente y no hay una sola prueba en mi contra; yo no firmé un solo documento."

Le recordé, sin embargo, que aún pesaba sobre él la acusación de no haberle hecho caso a un juez que le ordenó, en varias ocasiones, detener la construcción de un camino de acceso a un hospital en una propiedad privada. Entonces respondió de inmediato, sin hacer las largas pausas que caracterizaban sus conferencias de prensa y que eran motivo de burla en los programas cómicos de la televisión mexicana.

"Mira, te explico —me dijo didáctico—, en el gobierno de la ciudad se reciben alrededor de cien juicios diarios y éste fue uno de ellos. Si yo me dedicara a atender estos cien juicios sencillamente no haría otra cosa, no gobernaría... Yo no firmo nada que tenga que ver con estos asuntos." "Entonces —insistí—, ¿usted está convencido de que es absolutamente inocente?" "Totalmente: esto lo fabricaron y el propósito es hacerme a un lado con miras a las elecciones del 2006."

La presión política funcionó. El desafuero del perredista duró sólo 18 días. El gobierno del presidente Fox retiró la solicitud de desafuero contra López Obrador y éste, fortalecido, presentó su candidatura presidencial algunos meses después.

Además del desafuero, otra prueba de que había una "guerra sucia" en su contra, según me dijo, fueron las interpretaciones malintencionadas sobre la muerte de su hermano menor, José Ramón López Obrador.

"Leí varios artículos en internet que lo vinculan con la muerte de su hermano menor, José Ramón, con una pistola. ¿Nos pudiera explicar qué pasó ese 14 de mayo de 1962?"

"Pues éste fue un accidente de mi hermano", me dijo con absoluta seriedad. "Muy lamentable. Estábamos en una tienda que tenían mis padres, él estaba jugando con un arma y se disparó."

"¿Fue una pistola calibre 22?"

"No, fue de un calibre mayor. Y esto lo usan mis adversarios queriéndome involucrar."

"¿Cuántos años tenía usted?"

"Catorce."

"¿Y su hermano?"

"Trece."

"Eso lo debió de haber marcado. ¿Usted estuvo ahí en el incidente?"

"Estuvimos ahí. Nosotros lo vimos. Fue una cosa muy fuerte, algo lamentable, muy duro. Cuando tuvimos un debate con Diego Fernández de Cevallos [en el año 2000] se atrevió a sacarlo, no de manera directa, sino diciendo: 'Dicen las revistas'. Es parte de la guerra sucia que estoy enfrentando. Qué bien que tocó el tema de internet. No es que internet sea malo, pero [los artículos que aparecen ahí sobre este incidente] no son confiables, no hay pruebas. Es algo muy lamentable, muy íntimo, muy de nosotros, muy de familia. Y no quiero hablar de eso; usted me lo pregunta y ahora lo estoy haciendo. Pero es lamentable que se utilice eso. Pero son capaces de todo."

De todo. De hecho, para él, la prueba principal de que hay una gran conspiración para evitar su llegada a la presidencia ocurrió durante las votaciones del 2 de julio de 2006. López Obrador cree fervientemente que él ganó esas elecciones presidenciales. De hecho, él se sigue considerando el "presidente legítimo de México", y años después sigue peleando e insiste en que Felipe Calderón se robó las elecciones presidenciales de 2006. La pregunta es si eso evitará que gane las de 2012.

Hablé con López Obrador poco después de que se dieron a conocer los resultados de las votaciones presidenciales de 2006, que indicaban oficialmente que Calderón le ganó a López Obrador por 0.56 por ciento del voto, es decir, por 233 mil 831 votos.

"Eso fue un fraude", me dijo.

En esa ocasión llegó 10 minutos antes de lo acordado. Sin prisa. Sólo lo acompañaba su jefe de prensa. Ya venía maquillado de otra entrevista que acababa de hacer para la televisión mexicana. Pero, igual, se tomó el tiempo para pensar lo que iba a decir, mientras se revisaba en un espejo la corbata entre morada y rosa sobre un traje café. Las canas estaban recién recortadas.

Esperaba encontrarme a un candidato presidencial exhausto, tenso, nervioso, malhumorado, pisándose las ojeras. "No ha sido un día de campo", me dijo. Sin embargo, me encontré a un Andrés Manuel López Obrador relajado, dicharachero y con una buena dosis de sentido del humor. "Quedé exprimido como un limón", me diría al final de la entrevista con una sonrisa.

Mi primera misión era entender cómo se dio, según López Obrador, el fraude. "Podemos hablar de dos momentos", me explicó. El primero fue "todo lo que significó la falta de equidad antes de la elección: el manejo inequitativo en espacios de radio y televisión, el uso del dinero, el uso indebido, ilegal, de las instituciones y de los programas gubernamentales para apoyar al candidato del Partido Acción Nacional, la intervención del presidente [Vicente Fox], la guerra sucia y la intervención del Consejo Coordinador Empresarial. La ley establece expresamente que no deben participar organizaciones civiles o ciudadanos con spots de radio y televisión".

"Si usted ve en todo esto un fraude, ¿por qué no se retiró?", le pregunté.

"Porque yo pensaba que con todo les íbamos a ganar", contestó.

La segunda parte del fraude, según López Obrador, ocurrió después de la elección del domingo 2 de julio de 2006. De acuerdo con su versión, no fue un fraude cibernético, sino que ocurrió "a la antigüita".

"El fraude está en la falsificación de actas —aseguró—. Hay un número determinado de actas que están falsificadas en donde hay más votos que boletas. Un millón y medio [de votos]. Probado. Es una documentación oficial. Tenemos toda la información. Imagínate. Gano 16 estados, incluyendo los tres más poblados, el Distrito Federal, el Estado de México y Veracruz, y pierdo la presidencia. Es inexplicable."

En esa entrevista, en julio de 2006, le pregunté si se presentaría como candidato presidencial para las elecciones de 2012. Y fue contundente: "Yo ya no podría. Yo, por convicción, estoy en contra de la reelección. Yo ya soy presidente".

A pesar de esa declaración, inequívoca, López Obrador sí contenderá por la presidencia en 2012. Aunque en este caso buscaría, según sus detractores, una "reelección". Volví a conversar con él en febrero de 2011 y lo encontré, como siempre, absolutamente convencido de que podía ganar la próxima elección presidencial.

CÓMO ESCOGER AL CANDIDATO DE LA IZQUIERDA

¿Usted quiere ser presidente en 2012?

Sí. Vamos a participar. No me puedo adelantar, Jorge, porque nos van a acusar de altos anticipados de campaña.

Ya se adelantó ahorita.

No. No te dije nada. Te dije de que vamos.

¿Cómo llega al poder? ¿Qué es lo que está tratando de hacer en estos momentos para ganar la elección?

Nosotros estamos absolutamente convencidos de que el país necesita un verdadero cambio, una transformación de la vida pública en todos los órdenes. Éste es un país con una monstruosa desigualdad económica y social. Ha habido tres grandes transformaciones: la Independencia, la Reforma, la Revolución. Nosotros queremos llevar a cabo la cuarta transformación de la vida pública del país, de manera pacífica.

Lo que sucede en el país es que hay un grupo de potentados, 30, que son los dueños de México, o se creen los dueños de México. Son los que mandan. Han confiscado todos los poderes. No hay en México Estado de derecho; lo que hay es un Estado de chueco.

En las encuestas todo sugiere que Peña Nieto tiene más posibilidades que usted de llegar a la presidencia.

No.

Sí. Por las encuestas que he visto, sí.

Sí, porque es un fenómeno publicitario, mediático. Esta mafia de poder, estos 30 que se hicieron inmensamente ricos a partir de que Salinas les entregó los bienes de la nación, como ya no les funciona el PAN, como ya no les funciona Calderón, ahora la apuesta es al PRI y a Peña Nieto. El jefe de campaña de Peña Nieto es Salinas.

Pero ¿cómo va a ganar usted? ¿Necesita una alianza con el PAN, necesita la alianza con otro partido?

Una alianza con la gente, alianzas con partidos progresistas. Pero no con el PRI, no con el PAN. No queremos nada con los partidos de la mafia del poder, nada absolutamente.

¿Qué va a hacer con Marcelo Ebrard, el alcalde de la ciudad de México? ¿Cómo van a negociar [la candidatura de la izquierda]?

Nos llevamos muy bien. En su momento lo vamos a resolver de acuerdo a quién esté mejor posicionado. Es un pacto que tenemos.

¿Usted respetaría si Marcelo Ebrard queda como candidato?

Desde luego que sí.

¿Y se haría usted a un lado?

Desde luego. No sólo me hago a un lado: ayudo, si él está mejor posicionado. Porque también los de la mafia del poder no quieren que yo sea.

¿Por qué no?

Porque yo represento un movimiento que quiere un verdadero cambio. Acabar con los privilegios. O sea que en este país paguen impuestos las 400 grandes corporaciones económicas, financieras, comerciales, que no pagan impuestos. Esto no pasa en ninguna parte del mundo.

¿No veríamos en 2012 a Marcelo Ebrard y a usted en la contienda electoral?

No, no, no.

¿Es uno u otro?

Así es. El que esté mejor posicionado.

¿Cómo se mide eso?

Lo queremos hacer con encuestas. Pero encuestas creíbles, no cuchareadas. Hasta ahora yo estoy bien posicionado. Me han querido destruir pero no lo han logrado. En las encuestas serias aparece Peña Nieto, que es un fenómeno mediático, y yo después.

Peleando, todavía, las elecciones de 2006

¿Podemos regresar a 2006? ¿Es cierto que a la gente que lo rodea le exige que le llamen a usted presidente?

No. Eso se decidió en el Zócalo en una convención democrática. No, no, no. Lo que estimo más importante en mi vida es mi honestidad. Yo no busco el poder por el poder. Yo no soy un ambicioso vulgar. Yo lucho por ideales, yo lucho por principios.

¿Realmente se considera el presidente legítimo de México?

Nosotros ganamos la Presidencia de la República. ¿Por qué acepté que la gente decidiera que yo sea presidente legítimo? Por dos razones. Primero, porque ganamos la elección presidencial. Calderón no ganó. Se robaron la Presidencia de la República. Y era una manera de protestar y decir que hay dos presidentes: un presidente espurio y un presidente legítimo.

¿Usted se considera presidente legítimo de México?

Sí, porque la gente así lo considera, al menos un sector, una parte de la población. Y no es para mí nada indigno.

¿No le afecta para 2012 que mucha gente crea que es un mal perdedor?

No, porque sería traicionarme a mí mismo, a mis ideales, a mis principios. ¿Cómo voy a aceptar un fraude electoral?

¿Dónde estuvo el fraude?

Hubo fraude porque, desde antes de la elección, se utilizaron a los medios de comunicación para hacer una guerra sucia en contra de nosotros.

Me ha tocado cubrir muchas elecciones en muchas partes del mundo y, sinceramente, eso pasa en todos lados.

Pero no con tal falta de equilibrio. Aquí se nos lanzaron con todo, engañando a la gente, [diciendo] que yo era un peligro para México.

Recuerdo los comerciales donde lo comparaban a usted con Hugo Chávez. Lo acusaban de autoritario. Ese comercial de Chávez le afectó, ¿verdad?

Todos los comerciales afectaron. Todos los mensajes afectaron. Fue guerra sucia. Trajeron a dos mercenarios de la comunicación: a un estadounidense y a un español.

Eso se vale en las campañas.

Siempre y cuando el afectado tenga posibilidad de respuesta, de réplica. Aquí nos cerraron por completo los medios de comunicación.

Usted insiste en que ganó.

A pesar de la guerra sucia, ganamos. Por eso no quisieron contar los votos. No quisieron hacer un recuento de todos los votos por eso. Yo te puedo mostrar hoy casillas, en el IFE, tú las puedes ver en el internet, donde Calderón obtiene 600 votos y yo 50. Nada más que en esa sección electoral sólo existen 300 electores. O sea, falsificaron la elección.

Vida privada, vida pública

En febrero en el Congreso de México hubo unos legisladores que pusieron una manta que decía: "¿Tú permitirías a un borracho manejar tu auto? Entonces, ¿por qué lo dejas manejar el país?", y luego aparecía una foto del presidente Felipe Calderón. Lo hicieron legisladores de su partido. ¿Usted está de acuerdo con este tipo de ataques personales?

No, no estoy de acuerdo con eso. Lo expresé. Dije que en vez de esa manta insinuando que Calderón es alcohólico, debieron poner una manta que dijera: "Calderón usurpador". Eso sí se puede probar. "Calderón inepto". Eso sí se puede probar. Pero meterse a la cuestión personal es hasta de mal gusto.

GUERRA CONTRA EL NARCOTRÁFICO

Calderón no estaba preparado para ser presidente —asegura López Obrador—. Lo impuso esa mafia. Mire nada más en lo que nos metió. Le pegó un garrotazo a lo tonto al avispero con la llamada "guerra contra el narcotráfico", actuando de manera irresponsable. Hay más de 35 mil asesinatos. De eso hay que hablar.

¿Es un fracaso la lucha contra el narcotráfico en México?

Es un fracaso porque no se están atendiendo las causas. No se va a resolver el problema con militares, con policías, con cárceles y con amenazas de mano dura.

Pero entonces, ¿qué hace? ¿Negocia con los narcos?

No. Hay que atender las causas: que haya crecimiento económico, que haya empleo.

81

Pero entre las causas del narcotráfico en México también está el enorme mercado de drogas en Estados Unidos. Ante eso no se puede hacer nada.

Sí. Pedir a Estados Unidos que controle la venta de armas. Además, pedirle a Obama que cumpla con su compromiso de hacer una reforma migratoria: ahora con Obama hay más deportaciones de paisanos nuestros que cuando Bush.

Si usted fuera presidente, ¿cómo hubiera enfrentado el tema de los narcotraficantes? ¿Los deja funcionar? ¿Los deja operar?

No, pero al mismo tiempo hay que atender las causas.

La estrategia de Calderón ha sido equivocada.

Equivocada totalmente.

¿Ha hecho algo bueno Calderón?

No, en lo general. Es tanto el mal gobierno. De veras, quisiera yo decirte algo, pero no encuentro. Soy sincero.

Cuando muchos mexicanos escuchen esto y lo vean a usted así de cerrado...

Pero que me digan mejor qué ha hecho bien Calderón. No me lo preguntes nada más a mí, pregúntaselo a la gente.

DE QUÉ VIVE Y OTRAS CUESTIONES DE DINERO

En estos años en los que usted ha estado haciendo campaña, ¿de qué vive?

Yo tengo apoyo de la gente. Nosotros tenemos simpatía de millones de mexicanos. Mira las encuestas.

Sí, pero ¿cómo paga la renta, la comida?

Hay una cuenta. Así es. Yo gano 50 mil pesos mensuales. Me paga el movimiento. Se llama Movimiento de Regeneración Nacional, sus siglas son Morena.

Cerca de cinco mil dólares al mes.

Más o menos. Cooperan, hay una cuenta en el banco Banorte. Depositan ahí quienes son simpatizantes. Quienes son legisladores también cooperan. Y de eso vivimos nosotros.

¿Es una cuenta abierta? ¿Se puede revisar en internet?

Así es. Es de las cuentas más revisadas por el espionaje.

¿Cuánto dinero tiene?

Yo no tengo más que una casa, en Palenque, que me dejaron mis padres. Es mi patrimonio. Yo no tengo como propósito hacer dinero. Yo tengo ideales. Me pueden acusar de todo: que me parezco a no sé quién, que soy muy terco. Pero nunca van a poder decir que soy incongruente o que soy ratero.

¿Nunca lo veríamos millonario?

No. Yo respeto a la gente que tiene dinero y sobre todo si lo ha hecho en conformidad con la ley y con trabajo. Yo tengo mis diferencias con los que hacen dinero de la noche a la mañana, con la riqueza mal habida.

Ése es el caso de estos potentados que son los causantes de la tragedia nacional. Contra eso estamos. Han saqueado al país. Se han hecho inmensamente ricos a costa del sufrimiento de la gente. Están destruyendo a México, nos están desgraciando a todos.

Cuando la gente lo escuche hablar así, muchos de ellos pueden decir: eso es exactamente lo mismo que Hugo Chávez está haciendo en Venezuela.

No. Lo de Chávez es algo que siempre han utilizado para afectarnos. No conozco a Hugo Chávez. Yo tengo una postura totalmente distinta.

Sí, pero a la gente le preocuparían las nacionalizaciones.

No. Pero poner orden, eso sí. No queremos que haya una oligarquía en México; el gobierno al servicio de unos pocos. Queremos que haya una democracia, que es el gobierno del pueblo y para el pueblo.

Egipto

¿Cree usted que en México puede ocurrir algo parecido a Egipto? Miles de manifestantes quejándose de la forma en que están viviendo.

No lo descarto, porque hay las mismas condiciones: pobreza, falta de oportunidades, falta de empleo, inseguridad, violencia. Todos éstos son saldos de la política neoliberal, de la política de pillaje que llevan a cabo los potentados en México.

Sin embargo, nosotros hemos escogido otro camino. Queremos la transformación por la vía pacífica. Nos estamos organizando con ese propósito, y estamos apostando a la elección presidencial del 2012.

Cortesía: Univision

❧Posdata: *el Peje*

No es fácil ser *el Peje*. Independientemente de sus posiciones políticas y de sus estrategias para lograr sus objetivos, hay que reconocerle a López Obrador que ha sacrificado su vida por sus ideales. En eso cree y así ha vivido. Eso tiene su mérito. Pudo haber escogido otro camino más fácil. Pero no. Siempre parece que López Obrador escoge el más difícil. Y nadie puede acusarlo de darse por vencido.

Se levantó de la silla. La entrevista había terminado. "Usted, Jorge, quiere saberlo todo", me dijo, con una sonrisa y un apretón de manos. Y tenía razón.

Ya me estaba despidiendo pero tenía una duda. No grande. Pero duda al fin. Era sobre su apodo: *el Peje*. Los apodos humillan o engrandecen. A veces crean caricaturas tan grandes que sobrepasan al personaje y son, como los tatuajes, imposibles de borrar. Otras veces los apodos, simplemente, reemplazan el nombre original.

AMLO, como lo designan en los periódicos, es una de las figuras políticas más conocidas de México. Pero para la mayoría es simplemente *el Peje*. "¿Es peyorativo?", le pregunté. "No —me contestó—. Me pueden decir *Peje* pero no soy lagarto".

Y luego me dio la explicación: "Peje es un pescado que se da en las zonas bajas. Yo soy de Tabasco, soy del estado más tropical de México, un estado bellísimo". El periodista Julio Scherer García le puso el apodo y se le quedó. "Aquí me dicen así. No me ofende para nada."

Twitter: @LopezObrador_

"Me he estado preparando muchos años [para ser presidente]."

Cortesía: Univision

MARCELO EBRARD
El alcalde que hace

Marcelo Ebrard hace cosas. Ése es su fuerte. En un país, como México, que se ha ahogado en promesas de políticos, el que hace cosas es distinto al que promete cosas. Muy distinto.

Unos prometieron defender el peso como un perro. Otros nos prometieron que entraríamos al mundo desarrollado. Algunos más —Vicente Fox y Felipe Calderón— me aseguraron en entrevistas durante sus campañas presidenciales que crearían al menos un millón de empleos al año. Todos rompieron sus promesas.

Ebrard, en cambio, hace. Continuó la obra del segundo piso en el Periférico de la ciudad de México; ha puesto pistas de patinaje en el Zócalo y albercas en parques; se propuso reducir la contaminación y la capital mexicana ya no está entre las 10 más contaminadas del mundo. Hace.

La ciudad de México es también una de las más liberales del mundo. Permite el matrimonio entre homosexuales y el derecho al aborto está plenamente protegido y legislado. No es, desde luego, un logro exclusivo del alcalde. Pero el jefe de gobierno de la ciudad —católico confeso— ha sido uno de los principales defensores de estos derechos en un país cuya jerarquía católica tiene, aún, un enorme peso en las decisiones políticas.

Marcelo, como le dicen todos, no es un tipo de premios. Pero no le cayó nada mal cuando la Asociación Internacional de Alcaldes lo nombró a finales de 2010 "el alcalde del año". No es poca cosa. Votaron 118 mil personas sobre el trabajo de 840 alcaldes y Marcelo ganó. Algo debe de estar haciendo bien.

A Marcelo lo entrevisté por primera vez hace algún tiempo. De hecho, mucho antes de que llegara a la alcaldía le dije a un conocido asesor político: "No le quites el ojo de encima porque él puede llegar a la presidencia". Más de una década después, volví a hablar con el asesor y me dijo: "Tenías razón, Marcelo puede hacerla en grande".

No es ningún secreto que Marcelo Ebrard lleva años preparándose para ser presidente. Su *look* lo dice. Su pelo, ahora sí, cae en su sitio y ya no se tiene que cambiar de lentes para hacer entrevistas en televisión. Ahora usa unos que no reflejan ante las cámaras y que pasan prácticamente desapercibidos. Sin embargo, el pantalón le quedaba un poco corto. Cuando cruzaba la pierna se le veía parte de su blanca piel, arriba del calcetín y debajo de la pantorrilla. Para alguien que ha trabajado tanto en su imagen, me pareció extraño que nadie, nunca, se lo haya hecho notar. Yo tampoco le dije nada. Ahí estaba el alcalde mostrando la pierna.

El día de la entrevista, Ebrard había inaugurado las obras de una nueva línea del Metro. Otro logro. Otra cosa que hizo. Vi la foto. Se veía un poco fuera de lugar con su traje y corbata. Estaba solo. No platicaba con nadie. Por alguna razón, no me lo puedo imaginar sin corbata.

Escuchar a Marcelo es a veces como estar en clase. No se inmuta ante las críticas, no sube la voz y suele ganar sus argumentos con datos y cifras. Sin embargo, si hay algo que brinca, es que siempre parece demasiado controlado. Sus seguidores me dicen que en ciertas ocasiones les dan ganas de tomarlo por los hombros, arrancarle la corbata, deshacerle la raya del peinado y gritarle: "¡Aflójate un poquito!", pero Marcelo no afloja.

Lo suyo no son los discursos populistas, llenos de emoción y frases para recordar. Lo suyo son los discursos bien pensados y bien escritos, sin muchas altas y bajas. Sólidos, eso sí. Pragmáticos, siempre. La pregunta es si su mensaje conectará con los electores.

Hablé con Ebrard dentro de un monumento, el Palacio de Gobierno del Distrito Federal, frente al Zócalo. Curiosamente, otros dos líderes mexicanos que se dieron a conocer por hacer cosas, más que por prometerlas, reconstruyeron y ampliaron ese mismo edificio: Porfirio Díaz en 1907 y Lázaro Cárdenas en 1934.

Marcelo, alcalde, está acostumbrado a esa majestuosa arquitectura que siempre ve hacia adentro, hacia el ojo de su jardín interior. Yo no. Me distrae. Hablo con él y de pronto la mirada se me pega a una pintura, a una columna, a un espacio imposible de reproducir en ninguna otra parte del mundo.

En otra época, no hace mucho, si Marcelo ganara la presidencia, sólo hubiera tenido que cambiar sus cosas al edificio de al lado, el Palacio Nacional. Pero la noche de la entrevista la residencia oficial de Los Pinos parecía, todavía, muy lejos.

Cómo escoger al candidato de la izquierda

¿Usted quiere ser presidente de México?

Sí, por supuesto. Y para eso me he estado preparando muchos años. Ahora, eso va a depender de qué resultados tenga yo en mi gestión y de qué opinen los electores. Finalmente ellos son los que deciden.

Acabo de ver las últimas encuestas. Sugieren que el PRI retomaría la presidencia para 2012. ¿Qué pueden hacer ustedes en la izquierda —una izquierda dividida— para que esto no ocurra?

Yo creo que está por verse. Hoy los saldos no son del todo favorables para el gobierno, que es del PAN, porque de empleo van mal y en seguridad hay muchos problemas.

Entonces se requiere otra propuesta. Creo yo que esa oportunidad sí la tenemos. Por eso he dicho que necesitamos un solo candidato. Resumen: sí se puede hacer algo distinto si cambias los factores que determinan el voto. El voto es un acto inteligente y racional.

¿Cómo van a escoger si usted va a ser el candidato [de la izquierda] o Andrés Manuel López Obrador? ¿Cómo van a hacer para no pelearse, para que no haya dos candidatos de izquierda?

Lo primero es acostumbrarnos a que competencia no quiere decir que haya ruptura. Yo creo que podríamos dar una buena elección si eso no ocurre. Y la forma de poderlo evaluar es preguntarle al conjunto del electorado a quién ve mejor o quién puede crecer más en una campaña.

¿Usted o López Obrador?

Sí.

El problema es el universo de la encuesta.

Yo he propuesto una encuesta, como lo hemos hecho en muchos estados, donde se le pregunte a los independientes, que por cierto son los que definen la elección. Si sólo encuestas a tus militantes, vas a dejar fuera a un tercio del electorado.

¿Usted respetaría si López Obrador es el candidato?

Por supuesto, sí. No me opondría.

¿Y usted sabe si él va a respetar su candidatura?

Pues es lo que me ha dicho hasta ahora. Yo espero que así sea.

LA MANTA Y LA VIDA PRIVADA

¿Hasta dónde se vale meterse en la vida privada de ustedes, los personajes públicos? Me refiero a la manta que apareció en el Congreso mexicano en la que se sugería que el presidente Felipe Calderón tenía problemas de alcoholismo.

A mí no me gustó esa manta. Se me hace una mala estrategia política; no creo que abone nada. No te deja nada bueno, creo yo.

En campaña, ¿hasta dónde se pueden meter con usted y su familia, o con Peña Nieto y su familia o con López Obrador y su familia?

Pues yo no lo haré, nunca lo he hecho. Primero, no creo en eso. Pero lo otro es que no tiene los resultados que se supone que tuviese. Entonces la guerra sucia es muy mala idea.

LA CIUDAD Y LA INSEGURIDAD

Déjeme hablarle sobre la imagen de México en el exterior. Cuando en Estados Unidos hablan de México la primera palabra que aparece es violencia o narcotráfico. ¿Qué tanto repercute esto en la imagen, falsa o no, de la ciudad de México como una de las ciudades más peligrosas del mundo?

Yo creo que eso es injusto. Ha cambiado mucho la percepción sobre la ciudad.

¿Pero es una ciudad segura? ¿Puedo salir y no me van a secuestrar o asaltar?

La ciudad de México tiene mejores estándares de seguridad que Los Ángeles. Hoy somos el número 25 del país de 32 estados, si comparas homicidio contra población.

¿Entonces es un problema de imagen?

No. Yo creo que la imagen de la ciudad cada vez está mejor. Sin discutirte que a veces es difícil que separes la ciudad del país. Pero digamos que los datos objetivos que yo tengo en la mano me dicen que la ciudad está fuera de la tendencia nacional. Espero que la mantengamos así. Nosotros tenemos poquito más de dos homicidios al día. Eso no ha cambiado. El robo a vehículos va a la baja. Secuestro va a la baja claramente.

Dos muertos por día en crímenes en la ciudad de México, ¿nada más?

Nada más. Y tenemos 14 millones y medio de personas.

Recuerdo todavía cuando hablábamos de la ciudad de México como una de las ciudades más contaminadas del mundo. ¿Cómo ha cambiado eso?

Ha mejorado la calidad del aire. Sustancialmente. Es un trabajo desde los noventa para acá. Ha sido cambiar combustibles, ampliar la red de transporte público. Cambiamos 70 mil taxis. Las normas de verificación vehicular son más estrictas. Todas estas medidas combinadas durante largo tiempo han dado como resultado que hoy tu calidad del aire sea 50 por ciento mejor de lo que era antes. La idea es continuar en esa trayectoria.

¿Qué es lo que su sucesor no debe dejar de hacer?

Mmm, siempre es difícil darle tarea al sucesor.

Cuando pasa algo bueno o malo en la ciudad, en la zona metropolitana, ¿quién es responsable: usted, el presidente Felipe Calderón o el gobernador del Estado de México, Peña Nieto?

Pues depende, porque son diferentes jurisdicciones. Pero nosotros tenemos una buena coordinación institucional tanto con el Estado de México como con el gobierno federal.

Pero ¿por qué no quiere salir en la misma fotografía [con el presidente Felipe Calderón]?

No, yo no he estado en la fotografía porque tiene una serie de implicaciones. Tiene que ver con el 2006.

PELEANDO POR 2006 Y CONTRA CALDERÓN

¿Usted piensa que hubo fraude en las elecciones presidenciales de 2006? ¿Siguen peleando por 2006?

Yo creo que hubo graves irregularidades. Pero, bueno, tenemos que gobernar todos los días. Todos los días actuamos con el gobierno federal; es el gobierno instituido y legal. Pero eso no significa que demos nuestra anuencia, que se olvide que sí hubo problemas serios. Yo creo que hubo inequidad muy grave, y que hubo irregularidades no aclaradas. Sin duda.

¿Qué es lo mejor que ha hecho Calderón?

Yo creo que hay que reconocerle que se decidió a combatir el crimen organizado. No estoy seguro de que su estrategia sea cien por ciento la que habría que seguir. Pero hay que reconocerle que lo ha intentado y que merece respaldo por ello.

¿Hay que negociar con los narcos para que haya menos violencia?

No, yo creo que hay que ser más eficaz. No lo vas a resolver desplegando el Ejército en la calle.

¿Por qué poner los muertos? ¿Por qué México tiene que poner los muertos cuando la producción de drogas viene de Sudamérica y el consumo ocurre en Norteamérica?

Yo creo que hay un problema serio con la agenda de Estados Unidos. Estados Unidos no quiere controlar las armas, lo cual a mí me parece escandaloso. Primero, ¿por qué no controlas las armas con las que están matando a la gente, aquí y en otros lados? Dos, ¿por qué no controlas el acceso de droga a tu país? Y tres, ¿por qué no controlas el flujo de efectivo que tienen [los narcotraficantes], que son billones de dólares?

Ahora, al interior de México, primero tienes un problema de demasiados jóvenes fuera de la escuela y demasiada gente sin empleo. No digo que lo puedas cambiar de la noche a la mañana, pero seguramente podríamos hacer algo mejor. Aquí [en la ciudad de México] estamos becando a 200 mil jóvenes porque no quiero que estén afuera. Habría que hacer lo mismo a nivel nacional.

Y sobre el dinero, si tú capturas a un narcotraficante o muere en un enfrentamiento, la pregunta es: ¿qué pasa con esos billones o cientos de millones de dólares? Si no les quitamos una parte importante de ese dinero, yo no creo que ellos vayan a dejar una actividad como la que tienen.

Católico en una ciudad liberal

La ciudad de México es una de las ciudades más liberales en todo el mundo respecto al aborto y a las relaciones entre homosexuales. ¿Usted está a favor del derecho al aborto para una mujer?

Absolutamente, no pienso que sea una decisión que deba tomar el Estado. Aquí se dijo que iba a ser una explosión de abortos. No ocurrió. Estamos hablando de 11 mil al año, que eran los que calculábamos que estaban fuera del sistema de salud. Y segundo, hay una serie de datos que contradice todo lo que la derecha mexicana decía: por ejemplo, el 81 por ciento de quienes abortan son católicas; el 75 por ciento van con su pareja; más del 65 por ciento son mayores de 21 años, no son adolescentes.

¿Usted es católico? ¿Sigue siendo creyente?

Sí.

¿Y cómo compagina esto con el derecho al aborto?

Yo creo que la jerarquía de la Iglesia católica está equivocada en muchas cosas. El aborto es una de ellas, en las libertades de las personas, en las preferencias sexuales, en el uso de anticonceptivos. En todo eso está equivocada.

Y a pesar de todo eso, ¿usted es abiertamente católico?

Sí, porque la fe católica no es necesariamente lo que te diga la jerarquía.

Sobre los matrimonios entre homosexuales [autorizados en la ciudad de México], ¿qué tanto conflicto ha generado esto con la tradición mexicana de que el matrimonio es sólo entre un hombre y una mujer?

Bueno, fue un gran debate. Esencialmente es el reconocimiento de un derecho de la persona. Nadie puede decirle a alguien a quién debe amar o a quién no. Eso ha provocado mucho sufrimiento, persecución y muertes.

Casa y dinero

Les he preguntado a todos los candidatos cuánto dinero tienen.

Pues no mucho. Yo creo que desde la izquierda no puedes plantearte una campaña con mucho dinero. Tiene que ser de otra manera.

Si usted llegara ser presidente, la tradición, la mala tradición en México, es que los presidentes acaban como millonarios. ¿Cómo asegurarse de que usted no [se va a enriquecer]?

No lo he hecho en ningún cargo. He sido muchas cosas, hasta jefe de gobierno. Nunca me he beneficiado de ningún cargo en lo personal. Ni tengo propiedades ni nada. No me interesa eso.

Y su declaración de bienes, ¿estaría dispuesto a hacerla pública?

Está en internet. Hoy y siempre van a estar y pienso seguir viviendo en el mismo lugar donde vivo.

❧Posdata: sin dormir

Eran casi las ocho de la noche y Marcelo Ebrard no tenía planes de irse de la oficina. "¿Ya te vas?", le pregunté al terminar la entrevista y se me quedó viendo con una sonrisita que parecía, más bien, un juicio: qué poco me conoces.

"No, todavía no", me contestó. Esta noche había una junta más y luego un concierto. O algo más. El caso es que cuando eres el alcalde de una de las ciudades más grandes del mundo, siempre hay algo más.

Marcelo estaba con el mismo traje con el que, por la mañana, había inaugurado las obras de una nueva línea del Metro. Lo sé porque había visto la foto por internet. Casi todos los días el alcalde está a las siete de la mañana en su oficina, en algún desayuno de trabajo o acto público. Todos los días. Dormir no está entre las prioridades del jefe de gobierno. Sorprende que con tan pocas horas de sueño no tenga ojeras más marcadas.

Le conté que durante una entrevista con Barack Obama, el entonces candidato presidencial casi se queda dormido mientras le hacía un par de preguntas al candidato vicepresidencial, Joe Biden. No, Obama no cerró los ojos, pero mostró esa relajación del que aprecia no tener que pensar o hablar durante unos segundos y que sabe que si cierra los ojos se queda dormido. "Dormir es para debiluchos", me dijo Obama.

Ésa es una filosofía que parece compartir Ebrard. Éste es un alcalde que hace cosas. Muchas. Y durmiendo no se logran hacer muchas cosas.

Twitter: @m_ebrard

"Nadie es invencible para el 2012."

Cortesía: Univision

SANTIAGO CREEL
La segunda es la vencida

Santiago Creel quiere hacer algo que suena políticamente imposible: que haya tres presidentes seguidos del PAN. Pero antes tiene que ganar la nominación de su partido. Y es ahí donde se atoró la última vez. En 2006 él era el favorito de Acción Nacional para reemplazar a Vicente Fox. Era popular. Carita. Era visto como inteligente, analítico, preparado, experimentado. Por encima de todas las cosas, le tocaba ser presidente.

Las encuestas a escala nacional lo veían con buenos ojos. No adelante, pero cerca. Lo único que tenía que hacer era ganar la elección interna. A pesar de que muchas de las promesas foxistas no se materializaron, los mexicanos aún estaban dispuestos a darle otra oportunidad a un candidato panista. El regreso del PRI se veía inviable; sus siete décadas de autoritarismo pesaban todavía en los votantes.

La batalla sería con la izquierda. El PRD no repitió a

Cuauhtémoc Cárdenas como candidato. El alcalde de la ciudad de México, Andrés Manuel López Obrador, aparecía como el favorito en las encuestas pero no tenía, desde luego, el apoyo del gobierno en el poder.

López Obrador era un viejo contrincante de Creel. En el trascendental año 2000, cuando Fox ganó la presidencia, el perredista se llevó las votaciones para jefe de gobierno de la ciudad de México, venciendo al panista por cinco puntos. Pero Creel había aprendido muchas cosas después de esa derrota.

Durante el gobierno de Fox, Creel fue un muy activo secretario de Gobernación: promovió algunas de las primeras reformas del Estado que el país veía en varias décadas. El PAN había ganado y a Creel le tocó empezar a desterrar los vicios priístas desde adentro.

A pesar de su experiencia —en la Secretaría de Gobernación, en el nuevo Instituto Federal Electoral (donde fue uno de los primeros consejeros ciudadanos), en las revistas *Este País* y *Vuelta* (junto a Octavio Paz), así como en el influyente e intelectual Grupo San Ángel—, Creel no fue suficientemente panista para muchos panistas.

En las elecciones internas del partido, a finales de 2005, perdió dos votaciones frente a un político menos conocido, menos carismático y menos preparado para ser presidente: Felipe Calderón.

En la política no hay nunca nada seguro. Y el mejor ejemplo es Creel.

Para Creel ganar la presidencia representa ahora casi una

misión imposible. El PAN está muy desgastado; es lo que le ocurre a todos los partidos en el poder. Pero el problema, el verdadero problema para el PAN, es que se apropió de la palabra "cambio" antes de 2000 y 12 años después aún no se notan claramente los cambios que prometieron.

México sigue siendo gobernado por un grupo muy pequeño. México sigue teniendo una de las peores distribuciones de ingreso en el mundo. México sigue teniendo uno de los movimientos migratorios más grande del planeta; sus jóvenes se van al norte porque no encuentran buenos trabajos y buenas razones para quedarse. Para acabarla de amolar, el narcotráfico controla diversas zonas del territorio nacional y la violencia ha afectado, de alguna manera, a todas las familias mexicanas. La Comisión Nacional de los Derechos Humanos comprobó que uno de cada dos mexicanos ha sido víctima, directa o indirecta, de un crimen o un delito.

Creel y los panistas en la presidencia son culpables de no haber desmantelado durante dos sexenios el sistema clientelista y de privilegios que formó el PRI. Los oligopolios, los sindicatos y esos pequeños grupos que controlan al país son casi los mismos que lo dominaban antes del año 2000.

Los mexicanos no esperábamos una cacería de brujas (y de priístas) con la toma de posesión de Fox. Sin embargo, sí queríamos que se aplicara un mínimo de justicia, que los priístas que se enriquecieron con el tesoro nacional devolvieran lo que se robaron y que al menos enfrentaran un juicio. Y cárcel, ¿por qué no?

Los mexicanos esperábamos que el país se abriera a una verdadera competencia en todos los órdenes, desde la aeronáutica y las telecomunicaciones hasta la agricultura y la construcción. No más contratos del gobierno a amigos y familiares. No más impunidad para los que pueden pagar. Transparencia en todas las operaciones gubernamentales.

No se trataba de llenar las cárceles con priístas corruptos. Pero esperábamos algo. Fox no tuvo las botas ni los pantalones para crear una comisión de la verdad sobre la masacre de Tlatelolco en 1968. El problema es que cuando era candidato a muchos nos hizo creer que sí lo haría, y ya en la presidencia se le olvidó. O quizás nunca lo pensó de verdad y sólo nos dio atole con el dedo en la campaña.

El caso es que cuando Santiago Creel estuvo en la Secretaría de Gobernación y pudo convertirse en el principal promotor del cambio… no lo hizo. Sí, el país tenía alternancia y un nuevo partido en el poder, pero las estructuras del antiguo poder quedaron casi intactas. Eso no es cambio. Aunque de forma tardía, el actual senador panista lo entendió así.

En la siguiente entrevista verán cómo Santiago Creel quiere realizar ahora los cambios que no consiguieron los panistas cuando tenían todo para hacerlos. El problema es que hoy Creel no es el presidente. Además, insistimos, antes de llegar a la presidencia tiene que ganar la candidatura dentro de su propio partido. Y ahí la historia demuestra que lleva las de perder.

Un panista más panista que él o un calderonista más calderonista que él puede apoderarse de la candidatura presidencial del PAN. Otra vez. Si es así, Creel podría llevarse la sorpresa de su vida... por segunda ocasión.

VICENTE FOX Y FELIPE CALDERÓN

¿A usted le conviene ser del mismo partido que el presidente Felipe Calderón?

Bueno, defendemos un proyecto humanista que tiene una misma raíz. Yo pienso retomar lo que hizo Vicente Fox en su momento y lo bueno que ha hecho Felipe Calderón, pero por un derrotero distinto. Es decir, con una etapa y una visión que necesariamente tendrá que ser diferente.

¿Le pueden achacar a usted los triunfos y fracasos, tanto de Vicente Fox como de Felipe Calderón? Recuerdo, aquí mismo frente el Ángel de la Independencia, los gritos de la gente cuando ganó Vicente Fox en 2000; le gritaban: "¡No nos falles!" Muchos creen que Vicente Fox fue mejor candidato que presidente. ¿Ese tipo de cosas se las pueden achacar a usted?

Sí, yo creo que viene en paquete. Sería verdaderamente absurdo pensar que solamente se va a ver el lado positivo. Y yo creo que lo mismo le pasará al resto de los partidos: tendrán sus activos y sus pasivos.

Estoy decidido a defender lo bueno, a reconocer aquello que a mí me parece que debe cambiar, pero sobre todo con un proyecto único, diferente, que he venido preparando a lo largo de los últimos años.

QUÉ HACEMOS CON LOS NARCOS

Le quería preguntar sobre Felipe Calderón. En el exterior identificamos al actual mandatario por su lucha contra las drogas, así como por los 34 mil muertos en cuatro años. ¿Es un fracaso? ¿Cada mexicano muerto es un fracaso? ¿Ese proyecto es un fracaso?

Bueno, una vida es un valor absoluto, ya no digamos más de una. La pérdida de una vida humana es algo que nos debe preocupar. Es un agravio a la sociedad inconmensurable. Dicho esto, la lucha hay que darla. Y es ahí donde está el debate: no en darla, sino en cómo darla.

Yo no creo que debamos bajar la guardia, pero creo que la lucha debemos complementarla de una manera integral. Por ejemplo, el combate a la economía del crimen organizado es algo que todavía no ha comenzado. Presenté una iniciativa hace poco en el Senado de la República. Espero que pasen una buena ley y que podamos combatir aquello que mueve al crimen. El crimen organizado es crimen porque es negocio; infortunadamente es el negocio más rentable del mundo.

Doscientos dólares vale el kilo de cocaína en Colombia, y puesto en Nueva York vale 20 mil. No hay rentabilidad que pueda igualar la que tiene el crimen organizado. Por eso creo firmemente que debemos combatir la economía del crimen organizado.

La producción no está en México; está en los países andinos, es decir, en Colombia, Bolivia, Perú. Y si hablamos de consumo, pues no hay mayor consumo que el mercado más grande que está en los Estados Unidos. Estamos en medio. Independientemente de la política que establezcamos en nuestro territorio, están los problemas de producción [en Sudamérica] y los problemas que se tienen en Estados Unidos.

Pero si somos el puente, si estamos en la mitad, ¿por qué no dejar pasar [a los narcotraficantes y la droga]? Es decir, ¿por qué no negociar con los narcos? Decirles: "¿Tú quieres llevar drogas del sur al norte? Muy bien. Pero no me mates más mexicanos".

Por eso lo primero que yo haría es convocar a una cumbre internacional de carácter regional en el sistema de Naciones Unidas. El problema lo abordamos corresponsablemente o esto no va a salir.

El problema de la venta de armas se tiene que arreglar de alguna manera. El problema de la producción y el problema del consumo también. Es algo sobre lo que México, por más que haga, no tiene control. Ni en producción, ni en consumo.

Si México no tiene el control del proceso, ¿por qué el país tiene que poner los muertos, si eso no va a cambiar?

Es el primer argumento. No debemos seguir una política en que simple y llanamente absorbamos todos los costos, es decir, los muertos; y que los demás se lleven el beneficio del negocio. Yo creo que ésa es una equivocación, es un gran error desde el punto de vista de la política que debe seguir el país hacia el exterior.

¿Gran error de Felipe Calderón?

Yo creo que es un error que tiene remedio. Por eso pienso que si no vemos el ángulo o la dimensión internacional del asunto de las drogas, creo que estamos perdiendo la óptica.

¿Qué es lo peor que ha hecho Calderón?

En la economía, un ejemplo, los monopolios. En la vida sindical, la falta de democracia. Los sindicatos más importantes del país inciden en políticas públicas como educación y energía. En el campo hay centrales campesinas que siguen con la política corporativa y clientelar de hace ya muchos años.

Qué pasó con el cambio

El PAN no fue el cambio que muchos esperaban.

En la política, por ejemplo, seguimos todavía con una partidocracia. En el país todavía el poder y el dinero siguen concentrados en pocas manos; lo vemos en los sindicatos, lo vemos en los partidos, lo vemos en la economía.

Yo lo que quisiera es aprovechar toda esta experiencia con el proyecto que tengo. Es un gobierno de unidad nacional, sólido.

Cuando dice un gobierno de unidad nacional, ¿implicaría gente de izquierda y derecha?

Sí. Un gobierno de amplia convocatoria. No podemos gobernar este país de más de 110 millones de mexicanos —de 125 millones de mexicanos, si incluimos a los que viven en Estados Unidos— con un gobierno de minoría política que apenas tiene un poco más de un tercio en el Congreso.

Lo que debemos hacer es reconstruir el sistema político, hacerlo democrático, participativo, donde la gente tenga algo que decir y que sus decisiones se tomen en cuenta. Ésa es la revolución que hace falta.

Y si hablamos de educación, lo mismo. No tenemos ni siquiera el padrón de los maestros, ya no digamos la evaluación. Los horarios de clase son apenas de cuatro horas y media en primarias.

Si nos vamos a la economía hablamos de competencia. Y competencia quiere decir abrir mercados y competitividad, reordenar nuestro sistema fiscal y laboral. A menos que construyamos un gobierno de unidad nacional va a ser imposible romper esos cuellos de botella que tiene México y que impiden su desarrollo.

Para ganarle al PRI

Ya les dimos 12 años a los panistas para el cambio y no hicieron el cambio. Las encuestas sugieren que la gente prefiere ahora al PRI *que al* PAN. *¿Por qué? ¿Cómo le va a ganar usted a Peña Nieto?*

Yo pienso que las elecciones que hemos tenido están marcando un camino distinto: en Oaxaca, Puebla, Sinaloa, Baja California Sur. Con todo y el viejo PRI, su maquinaria y los gobernadores, hemos podido derrotarlos en sus propios bastiones. Y aquí la primera moraleja: nadie es invencible para el 2012. Tenemos una gran oportunidad si sabemos reconformarnos.

¿Se pueden estar equivocando los que creen, basados en las encuestas, que Peña Nieto va a ganar?

No solamente se pueden estar equivocando, eso significaría regresar al mundo del pasado: a ese sindicalismo que queremos desechar —hay centrales campesinas que no han servido para impulsar al campo—; a esa economía que está cerrada y que ha provocado una enorme desigualdad social.

Si regresa el PRI, *¿la democracia en México corre peligro?*

Yo creo que sí. Hay que ver lo que está sucediendo con los estados priístas, cómo tuvimos que arrancar voto por voto en Oaxaca —un estado que estaba sumido verdaderamente con los peores índices de desarrollo social del país—, ya no digamos en Puebla o Sinaloa. La gente debe darse cuenta de que el PRI en el fondo no ha cambiado.

¿El PRI sigue siendo antidemocrático? ¿Correríamos el riesgo de presidentes de dedazo otra vez?

Yo no creo que las cosas puedan volver a su estado original. Decir eso sería verdaderamente un exceso. Tenemos elecciones libres, tenemos una libertad de prensa que antes no había. Todo esto, yo creo, son avances de mi partido. El PAN va abriendo fuerte, va rompiendo los grandes diques.

También quiero decir que si no lo hacemos con un gobierno sólido, de amplia mayoría, no vamos a podernos enfrentar a los monopolios, a los grandes sindicatos del país, a sus dirigencias que se tienen enquistadas ahí desde hace tres, cuatro décadas.

La campaña de 2012

¿Cómo viene la campaña para 2012? Acabo de ver la manta en el Congreso mexicano donde se acusa directamente al presidente Calderón por problemas personales con el alcohol. ¿Se vale atacar a una figura pública con asuntos privados?

Lo que no se vale son los infundios. Lo que no se vale es aprovechar una circunstancia política y tratar de irse por esos caminos, que a mí me parecen equivocados.

O sea, no se vale atacar personalmente a los candidatos.

Así es, así es.

¿No se deben meter en su vida privada, ni en la de Felipe Calderón, ni en la de López Obrador?

Ahí es donde yo distingo. Si el candidato da pautas, si dice: "Mi casa es una casa abierta al público en lo que se refiere a la vida privada", cualquier gente tiene el derecho de preguntarle, si da esa apertura. Pero si no, no. Si el político tiene una esfera en lo privado, simplemente para proteger a la familia, para proteger a un hijo que va a la escuela y que probablemente su vocación ni siquiera sea ser político y que quiera tener una vida más o menos normal, [no se deben meter].

Les estuve preguntando a todos los candidatos cuánto dinero tienen. ¿Me estoy metiendo mucho en su vida privada?

Bueno...

¿Cuánto dinero tiene?

Tengo un pequeño patrimonio que hice durante 17 años que estuve en la iniciativa privada. Es un despacho ampliamente conocido. Tengo un pequeño patrimonio; de eso vivo y de mi salario.

Y si fuera necesario hacer pública su declaración de impuestos, ¿tendría algún problema?

Yo creo que eso lo tenemos que hacer una vez que esté entrada la campaña.

¿Usted está dispuesto a hacerlo?

Sí. No lo considero parte de lo que es la esfera privada. Yo creo que la gente sí debe saber de dónde viene el dinero de cada uno de nosotros, y cómo se ha construido ese pequeño o mediano patrimonio.

¿Se vale hacer alianzas con partidos que ideológicamente no coinciden con usted para ganar la presidencia?

Se vale y además estamos en una obligación de hacerlo. Lo que no se vale es plantearnos gobiernos débiles de minoría que no van a enfrentar los poderes fácticos que una y otra vez interrumpen el desarrollo de este país. Yo creo que es por un valor superior, siempre y cuando no se desfiguren los principios y la doctrina originaria del partido. Creo que es permitido buscar un lugar común.

Por ejemplo, ¿puedo pensar en el PAN y el PRD con un candidato presidencial único?

Creo que es muy temprano para hacer un juicio de esa naturaleza. Lo importante no es solamente ganar una elección, sino probar que el concepto de gobierno de coalición es un concepto bueno, que le está sirviendo a la gente.

Hablé con López Obrador. Insiste en que él es el presidente legítimo de México y que el PAN le robó la elección. ¿Ése es un problema viejo?

Sí, yo creo que es un juicio equivocado. Yo creo que en política, y particularmente en democracia, hay que saber perder. Cuando los resultados no son los que uno quisiera tener o los que esperaba, pues hay que reconocerlo. Yo creo que es una decisión muy equivocada.

LA PREGUNTA

¿Quiere usted ser presidente de México?

Así es, porque tengo un proyecto de gobierno de unidad nacional, porque tengo soluciones nuevas a problemas viejos en materia de economía, en materia de seguridad, en materia de política. Porque deseo construir un gobierno de unidad nacional, un gobierno fuerte, sólido, que permita enfrentar esos problemas viejos con soluciones nuevas.

¿Se está destapando?

Yo estoy listo. En el momento que mi partido abra registro, espero ser el primero en registrarme. Yo lo que espero es que mi partido esté listo; tengo el apoyo de la militancia. Así lo dicen las encuestas.

Voy a construir un apoyo mayoritario de tal manera que cuando venga la apertura del registro ahí estaré y buscaré ganar con el Partido Acción Nacional.

Egipto y Twitter

¿Es posible que en México ocurra una revolución como las que vimos en Túnez y Egipto?

Yo creo que no. Son circunstancias totalmente distintas. Sin embargo, no hay que bajar la guardia. En un mundo global, donde vivimos en tiempo real a través de internet, a través de Twitter, de Facebook, pues hay que estar siempre muy atentos a todo lo que está aconteciendo. Por más lejos que nos parezcan las cosas, pueden estar relativamente cerca.

¿Puede llegar alguien a la presidencia sin Facebook, sin Twitter, sin internet?

No, yo creo que no. Es el mundo de hoy. El mundo de hoy es la comunicación, y fundamentalmente la comunicación a través de las redes sociales. Este invento maravilloso del mundo moderno —que a mí no me tocó ni en primaria, ni en secundaria, ni en la universidad— hoy en día es un instrumento indispensable. Yo lo primero que hago cuando despierto es abrir mi cuenta de Twitter y ahí me informo de prácticamente todas las noticias interesantes que debo conocer.

Cortesía: Univision

◈Posdata madura

De todos los presidenciables que entrevisté, Creel es el que lleva más tiempo diciendo que quiere ser presidente. Si somos estrictos, lo ha dicho desde 2005. Y se nota.

Durante la entrevista, había momentos en que Creel me dejaba de ver y se dirigía directamente a la cámara, como si estuviera dando un discurso. De hecho, algunas partes de la entrevista me parecieron casi aprendidas de memoria. Es lo que los asesores políticos norteamericanos llaman "estar en mensaje". No importa lo que te pregunten, hay que "estar en mensaje". Es decir, no salirse del guión y del plan original para conseguir el objetivo: la presidencia. Y se vale.

Después de tantos años de repetir sus mensajes de campaña, es posible que Creel los haya interiorizado de tal forma que se hayan convertido en una parte estereotipada de su naturaleza política. Y ahí radica un peligro: el votante mexicano tiene que conectarse emocionalmente con su candidato para creer que esta vez sí habrá un cambio. Y un mensaje aprendido, memorizado, por más bueno y razonado que

sea, no suele mover masas. Los mejores discursos nunca salen de un *teleprompter*.

El reto, el gran reto de Creel, consiste en convencer a los mexicanos de que si no se pudo lograr el cambio en las dos presidencias panistas, no fue porque él no lo intentó. Y de que si le dan la oportunidad, el cambio viene. Creel tuvo su momento para ser un agente del cambio. La pregunta es si su tiempo de maduración política ya pasó.

Twitter: @SantiagoCreelM

"México sí puede tener una presidenta."

Cortesía: Univision

JOSEFINA VÁZQUEZ MOTA
La presidenciable

Josefina Vázquez Mota ya sabía por qué la estaba buscando y ya sabía lo que le iba a preguntar. En los días anteriores varios políticos —todos hombres— me habían dicho en cámara que sí querían ser el próximo presidente de México. Faltaba ella.

Unos días antes de nuestra entrevista, cuando celebraba su cumpleaños número 50, le dijo a los asistentes a la fiesta —según reportes de prensa— que tenía un anuncio importante que hacer. Al final, todo quedó en risas y no hizo ningún anuncio.

Los tiempos de la política han cambiado. En otras épocas, anunciar con tanta antelación a unas elecciones el deseo de postular una candidatura hubiera significado un suicidio político. Ahora no. Más bien, ella ya iba tarde. Todos los presidenciables importantes, con la excepción de Peña Nieto, ya se habían destapado.

Vázquez Mota se tardó varios días en responder a la solicitud de entrevista. Lo estaba pensando. Desechó una propuesta de hacerlo vía satélite, ella en la ciudad de México y yo en Miami. Demasiado impersonal. Aceptó hacer la entrevista pero en persona. Nos veríamos el lunes 7 de marzo de 2011 a las 11 de la mañana en las oficinas de su partido dentro del edificio de la Cámara de diputados. No quería hacerlo en su oficina de legisladora. Había que marcar una distancia.

Cuando me enteré de todos los arreglos, pensé: "Se va a lanzar". Entonces reservé mi boleto a la ciudad de México. Josefina Vázquez Mota quería convertirse en la primera mujer presidenta de México y estaba a punto de anunciarlo.

Su jefe de prensa la fue a buscar cuando ya estaba todo listo. Vestida con un traje sastre naranja, Josefina entró en el salón con mucha seguridad. Imposible pasar desapercibida así; me recordó el estilo de Hillary Clinton. También me vinieron a la memoria las corresponsales de la Casa Blanca, quienes se visten de colores llamativos para atraer la atención del presidente en las conferencias de prensa y aumentar sus posibilidades de lanzarle una pregunta.

La actual coordinadora del grupo parlamentario del PAN empezó buscando las coincidencias. Ambos estudiamos en la Universidad Iberoamericana, ella dos años después que yo; ella economía y yo comunicación. Me preguntó sobre mi hermana: "¿Dónde está? ¿Se fue de México, verdad?"

Luego me contó acerca del libro que estaba escribiendo sobre sus conversaciones con una veintena de líderes mundiales. Estaba muy entusiasmada con el proyecto. Sus intenciones estaban marcadas desde la portada. El libro sería el vehículo para promover sus ideas y al mismo tiempo empujar su candidatura presidencial. Se lo dije: "El senador Beltrones, al igual que usted, está publicando un libro antes de la campaña por la presidencia". Sonrió pero no me dijo nada. Se lo iba a guardar para la entrevista.

Hay entrevistas que son una batalla. Desde el principio el entrevistador y el entrevistado luchan por el control, uno con preguntas y otro imponiendo sus temas y puntos de vista. Ésas son duras. Hay otras entrevistas, en cambio, que son como una danza. Entrevistador y entrevistado no se enfrentan. Se mueven juntos, paralelos, sabiendo que el principio no es lo importante sino dónde van a acabar. Así fue mi entrevista con Josefina. Una danza.

Ella y yo sabíamos que la pregunta central sería si ella quería ser presidenta. Pero antes bailamos. Mucho. Hablamos sobre Calderón, el PRI y Peña Nieto, el narcotráfico, el aborto, las mujeres que ella admiraba. Pero durante varios minutos yo no hice la pregunta que ella esperaba ni ella se adelantó.

Danzamos.

Cómo ganarle al PRI

Quisiera comenzar con el debate que hay dentro de su propio partido. El presidente Felipe Calderón ha sugerido la posibilidad de las candidaturas independientes, ciudadanas, dentro del mismo partido. Pero el presidente del PAN *ha dicho que el candidato de su partido, 99.99 por ciento, será panista. ¿A quién le hace caso usted?*

Me parece que no son incompatibles las visiones. A mí el PAN me abrió las puertas desde una trinchera ciudadana, sin credencial del PAN, aunque sin duda identificada plenamente con los principios del PAN.

Pero ¿apoyaría que cualquier persona lanzara su candidatura presidencial a través del PAN, *aunque no fuera panista?*

Sin desestimar esa opción, yo me inclino mucho más a considerar que en el partido tenemos liderazgos. Yo estoy a favor de que esta candidatura al 2012 se logre desde las filas y la militancia de Acción Nacional.

La última encuesta que tuvimos en Univision y Parametría indica que la mayor parte de los mexicanos piensa que el PRI *va a ganar y que Peña Nieto será el próximo presidente. ¿Usted se imagina una alianza entre el* PAN *y el* PRD *para tratar de ganarle al* PRI *en 2012?*

Yo acompañé al presidente Calderón como la coordinadora de su campaña presidencial en el 2006, entonces algo muy parecido decían las encuestas respecto al candidato del PRD [Andrés Manuel López Obrador]. En esa elección, desde mi juicio la más desafiante de la historia moderna, aprendimos que no hay elecciones ganadas de antemano. Finalmente se logró revertir y romper esa percepción, esta casi convicción, de que era inevitable ya un triunfo del PRD.

¿O sea que no es inevitable que gane Peña Nieto?

No. Es evidentemente posible y real una nueva victoria de Acción Nacional. No hay elecciones que estén de antemano resueltas.

Serían tres presidencias del PAN. ¿No es muy difícil?

Va a ser un reto. En el país hemos tenido avances considerables bajo los gobiernos de Acción Nacional. No desestimo todo lo que aún queda por hacer, pero sin duda veo una posibilidad real si hacemos un buen trabajo y logramos esa confianza de los ciudadanos en las urnas de ir por una tercera Presidencia de la República.

La encuesta que hicimos Univision y Parametría indica que el candidato del PAN con más posibilidades es Santiago Creel. Y después sigue usted. ¿Sería Santiago Creel un buen presidente?

Bueno, creo que el senador Creel ha dado cuenta de una trayectoria en la política y en el gobierno. Y frente a las urnas, habrá que dejar que se resuelva por la vía que fija el partido la resolución o la decisión respecto a quién será el que encabezará la candidatura.

Calderón y los narcos

Cuando la gente habla sobre el presidente Felipe Calderón, piensa particularmente en su lucha contra el narcotráfico y en los 34 mil muertos. ¿Ha sido un fracaso? ¿Cada mexicano muerto es un fracaso?

Primero hay que señalar lo siguiente: cuando el presidente Calderón llega a gobernar, nos encontramos al Estado mexicano realmente en riesgo. Nunca el Estado había enfrentado una situación de riesgo como en el año 2006 frente al narco y al crimen organizado. Estamos hablando de secuestros, extorsiones, territorios completos donde el crimen organizado empezaba a decidir cuál era el jefe de la policía, o donde había muchas tentaciones de financiar campañas.

Por lo tanto, estoy convencida de que no podemos dar marcha atrás frente al crimen organizado. Sería no solamente rendir al Estado, sino empezar a sacrificar por pedazos las libertades de los mexicanos.

¿No hay negociación con los narcos?

No creo que la negociación sea la apuesta. Pero frente al 2012 habrá que hacer una revisión de la estrategia. Habrá que fortalecer por lo menos tres aspectos: un sistema de justicia que tiene que seguirse reformando a fondo; ministerios públicos, policías. En segundo lugar, [examinar] cómo cerramos el espacio a la impunidad, que es tal vez lo que ha generado desesperanza y una gran decepción en muchísimos mexicanos. Y en tercer lugar, evidentemente, legislaciones que permitan fortalecer esta lucha.

Aborto y matrimonios homosexuales

¿Está usted a favor del aborto?

Yo a lo que estoy a favor es un respeto absoluto a la elección de cada mujer. En México tenemos cada año más de 300 mil niñas y adolescentes embarazadas. Por lo tanto creo que ha llegado el momento, en los sistemas educativos y en la vida familiar, de hablar con mucha más claridad.

Pero ¿está o no a favor del aborto?

Yo no estoy directamente a favor del aborto pero tampoco comparto la criminalización.

Por ejemplo, si alguna de sus hijas —María José, Celia María o Montserrat— resultara violada y enfrentara una terrible situación como la que han vivido miles de mujeres mexicanas, ¿qué hace usted?

Pues mira, Jorge, lo primero que yo haría, particularmente con una de mis hijas o de sus amigas más cercanas, sería compartir mi convicción respecto a la vida. Pero al mismo tiempo, si ellas tomaran una decisión diferente, y te voy a hablar como madre de familia y mujer que soy yo, las acompañaría siempre bajo cualquier circunstancia.

¿Respetaría la decisión de ella aun cuando fuera abortar?

Sin duda, la respetaría. Y te voy a decir por qué. Primero, creo fundamentalmente que ésa es la apuesta del amor, es decir, simplemente estar ahí siempre. Eso no significa que no daría mi punto de vista y mis convicciones. Pero por encima de mis propias convicciones, estaría el respeto por sus decisiones.

Como usted sabe, la ciudad de México es una de las más abiertas del mundo respecto a los matrimonios entre parejas homosexuales. ¿Para usted el matrimonio es sólo entre hombre y mujer?

Ésa es mi concepción sobre el matrimonio, pero al mismo tiempo me parece que tenemos que ser mucho más claros y acompañar de mejor manera a las parejas que toman esa elección, y respetarla. Que tengan acceso a servicios de salud, a sus derechos sociales, a sus derechos humanos.

¿Tienen derecho a casarse los homosexuales, igual que un hombre y una mujer?

Yo creo que ése es un tema que tendrá que resolver cada Congreso. Más que una decisión de carácter personal, es la salvaguarda de los derechos. El PAN ha sido siempre un partido defensor de los derechos y de la dignidad.

Pero el PAN también ha sido muy conservador en los casos de matrimonios homosexuales...

El PAN ha sido claro en su posición, pero al mismo tiempo vemos hoy el Seguro Social bajo un gobierno panista y cómo se están salvaguardando los derechos de parejas que han resuelto una opción diferente. El tema de los derechos y el respeto al ejercicio de las libertades tiene que ser fundamental, particularmente en un país como el nuestro, que ha cambiado y tiene diversidad en sus puntos de vista. Esto no está peleado con nuestras convicciones, pero como gobierno estamos gobernando para todos.

Una última pregunta sobre esto, ya que está hablando sobre convicciones, ¿usted cree que los homosexuales nacen homosexuales?

No me atrevería ni siquiera a hacer un juicio tajante sobre esto. Nunca he coincidido con los juicios absolutos. Creo que no hay fanáticos inteligentes. Mi causa en la política es y ha sido siempre el respeto absoluto a las libertades.

"No he sido discriminada"

¿Usted se ha sentido discriminada alguna vez dentro de su partido? Usted fue, por supuesto, coordinadora de la campaña presidencial de Felipe Calderón, y muchos pensaban que iba a ser la futura secretaria de Gobernación. Sin embargo,

la eligieron como titular de la Secretaría de Educación. ¿Se sintió discriminada?

No, fíjate, no me he sentido discriminada dentro del PAN. Al mismo tiempo debo reconocer que las mujeres todavía tenemos retos en la política.

Primero respecto al PAN. El PAN abre las puertas en el año 2000 y me invita al Congreso, y a los tres meses el presidente Fox me invita a encabezar la Secretaría de Desarrollo Social. He sido la primera mujer en la historia del país en [estar al frente de] la Secretaría de Desarrollo Social, la primera mujer en [estar al frente de] la Secretaría de Educación Pública y la primera mujer hoy coordinando mi bancada. Por lo tanto, el último que ha hecho un acto de discriminación respecto a mi tarea política ha sido el PAN, al contrario.

Hay preguntas que me hacen casi de manera cotidiana: que si somos valientes, que si tomamos decisiones. Bueno, en este país tenemos casi siete millones de mujeres, jefas de familias manteniendo a sus hijos, manteniendo sus hogares, siendo valientes todos los días. Y, particularmente, cuando me preguntan si tuviese la decisión de enfrentar el crimen organizado, yo simplemente respondería: que toquen a uno de nuestros hijos para que sepan de lo que somos capaces las mujeres.

¿Qué mujeres admira usted?

Admiro a muchas mujeres. He platicado con la ex presidenta chilena, Michelle Bachelet. Me impresionó no solamente su personalidad sino su claridad mental, su extraordinaria sencillez. No es fácil encontrar una mujer con su fuerza y su sensibilidad. Acabo de platicar con la presidenta [Laura] Chinchilla de Costa Rica. Es muy joven, 47 años. Me gustó su templanza, su claridad. La presidenta Chinchilla me decía: "Mi principal reto no está afuera, está adentro de las propias filas de mi partido".

Rosario Marín [la ex tesorera de Estados Unidos] es una amiga cercana y tan querida, con una capacidad de optimismo extraordinaria, sin límites. Entrevisté a Rebeca Grynspan [ex vicepresidenta de Costa Rica y actual administradora asociada del Programa de Naciones Unidas para el Desarrollo]. Pero también admiro a muchas mujeres en mi partido, que han sido pioneras. Tengo una relación muy cercana y afectuosa con Margarita Zavala. Es una mujer que nos ha dado muchas satisfacciones y alientos a muchas mujeres del PAN.

PRESIDENTA VÁZQUEZ MOTA

Nicaragua ha tenido presidenta, al igual que Costa Rica, Argentina y Chile. ¿Por qué México no?

México sí puede tener una presidenta. México ha votado en las urnas a alcaldesas, gobernadoras y legisladoras. Creo que la Presidencia de la República no es una cuestión de género. Lo que le urge a México es una agenda de ciudadanos; es el momento de la gente. Yo no tengo duda de que México está preparado para votar a una mujer en las urnas a la presidencia.

Y ésa es la pregunta: ¿quiere ser usted la primera presidenta de México?

Yo quiero estar en esta definición que se haga y que tome mi partido. Sí quiero. Es la primera vez que lo digo con tanta contundencia, con tanta claridad.

Y es noticia…

La pregunta sería: ¿por qué no encabezar la decisión política más importante del país? Yo quiero estar ahí cuando se tome esta decisión en mi partido. No se han fijado las reglas, no se han fijado los tiempos.

Lo que me está diciendo es que sí quiere tratar…

Quiero, por supuesto. Frente a la decisión del 2012 quiero estar ahí para presentar una plataforma y una propuesta de modernización, de cambio y de mayor justicia para México.

Se está destapando ahora. ¿Por qué lo hace? ¿Se están adelantando los tiempos?

No creo que sea un adelanto de tiempos. Creo que es el momento de hablar con claridad sobre lo que estamos queriendo construir. Yo he caminado este país muchas veces.

No soy una política de oficina. No soy una política que crea que México es todo el Distrito Federal. Yo he caminado a México en los desastres naturales, he vivido en los cuarteles militares y te puedo dar cuenta de que he sentido el dolor de este país. Pero también he sentido su grandeza y su posibilidad.

¿Cree usted que México sigue siendo un país muy machista, tan machista que pudiera evitar que usted llegara a la presidencia?

Yo no me atrevería a decir eso en general de mi país. Yo creo que México es un país afortunado y extraordinariamente diverso, con una población joven como nunca antes la habíamos tenido.

Las mujeres siguen ganando menos que los hombres, siguen teniendo menos posiciones en altos niveles que los hombres...

Hay machismo, hay misoginia, hay miedo al liderazgo de las mujeres. Pero también tenemos sectores de gente joven que ya no tiene esos niveles de machismo, ni de temor. Y también tenemos hombres y mujeres que han ido abonando una agenda más amplia. Las mujeres somos valientes; aportamos ingresos a siete de cada 10 hogares en México. Y te comparto esto: vengo de revisar las cifras del último censo y es la primera vez en la historia de México donde ya hay más niñas de seis a 14 años de edad que varones. Es la primera vez en la historia de este país donde hay más niñas en la escuela que varones.

Eso habla de mejores tiempos por venir. ¿Cómo le suena presidenta Vázquez Mota?

Sin duda me suena posible. Me suena a un gran desafío y compromiso.

❧Posdata sorpresiva

Cuando terminó la entrevista, el jefe de prensa de Vázquez Mota estaba más nervioso que la recién lanzada candidata. Nos levantamos de la silla y seguimos platicando. "Ya sabe que su vida va a cambiar mucho a partir de ahora, ¿verdad?", le dije a ella. Pero fue él quien contestó con un gesto afirmativo.

No me quedaba muy claro si el jefe de prensa había sido sorprendido y la decisión de lanzarse la había tomado la diputada panista con un círculo más íntimo de familiares y colaboradores. El caso es que ella se había destapado y nada sería igual.

Esa misma tarde abordé el vuelo de regreso a Miami. A la mañana siguiente revisé por internet las noticias de México. La nota más vista en la versión digital del periódico *Reforma* era el destape de Vázquez Mota. La danza había llegado adonde los dos queríamos: yo tenía la exclusiva y ella era la noticia.

Danzamos.

Twitter: @JosefinaVM

Los otros

Este capítulo es el que más miedo me da. Es posible que el próximo presidente de México surja de éste y no de los otros capítulos. Y ése sería mi error. De cálculo.

Como dije al principio del libro, la selección de presidenciables la hice basado en las encuestas, particularmente la que hicieron Univision y Parametría a finales de febrero de 2011. Así de sencillo. Incluí a los seis que tenían más posibilidades de ganar entre los tres partidos políticos más grandes del país. Y, aun así, existe una gran posibilidad de que a última hora surja un candidato inesperadamente fuerte que no haya sido considerado en un principio.

Esto sólo reafirma mi convicción de que los periodistas (casi) siempre nos equivocamos cuando hacemos predicciones. Sin embargo, no tengo más remedio que irme con los seis más fuertes y mencionar aquí a *los otros*.

El sistema político mexicano está atravesado por una

partidocracia y no permite las candidaturas independientes. Alguien que ha luchado largamente, dentro y fuera del país, a favor de estas últimas, es el ex canciller Jorge Castañeda. Sin embargo, los partidos políticos le han puesto a esa figura electoral un candado prácticamente imposible de abrir. A principios de 2011 conversé con Castañeda al respecto:

¿Quiénes son los que pueden ser los presidentes de México?

Por el PRI seguramente son Peña Nieto y Beltrones. No creo a estas alturas que ya pueda haber más. Por el PRD yo sólo veo a López Obrador.

¿Y el alcalde Marcelo Ebrard?

Yo no creo que pase. Creo que sería un magnífico candidato del PRD pero no pasa. López Obrador es el dueño y va a ejercer su dominio.

¿Dueño de la izquierda?

Dueño de la izquierda. Yo no creo que Ebrard se lo vaya a pelear. A lo mejor me equivoco.

¿Y del PAN?

Bueno, el PAN tiene varias opciones. Tiene la corriente del calderonismo, que serían uno o dos funcionarios del gobierno actual: el secretario de Hacienda, Ernesto Cordero, y el de Educación, Alonso Lujambio. Luego tiene un par de panistas de dentro, no calderonistas: Josefina Vázquez Mota y sobre todo Santiago Creel, que es hoy el puntero dentro del PAN. Y luego el propio presidente Calderón ha mencionado la posibilidad de que el PAN tenga un candidato o una candidata externa. Es decir, alguien fuera del PAN pero que contendiera por esa candidatura, que es la opción que a mí me gustaría más para el PAN.

¿Y en la que tú podrías quizás colarte?

Yo lo veo muy difícil por la animosidad que me tiene el presidente Calderón. Pero sí creo que habría, por ejemplo, una magnífica candidata, Xóchitl Gálvez, que ha sido candidata del PAN y del PRD en Hidalgo. Sacó una cantidad impresionante de votos. Es alguien que ha trabajado con un gobierno del PAN y que me parece que cumpliría muy bien con ese retrato hablado. También Juan Ramón de la Fuente, el ex rector de la UNAM, podría ser ese candidato. Hay varios.

* * *

La candidatura en el PRD está amarrada entre López Obrador y Ebrard. Durante años nadie les ha hecho sombra, ni siquiera Carlos Navarrete, quien fue presidente del Senado hasta finales de 2010. No obstante, esa lucha de gigantes dentro de la izquierda ha evitado el surgimiento de una nueva generación de líderes. En parte, eso explica su rezago en las encuestas. El año 2012 no se ve tan bien para el PRD como 2006.

Dentro del PRI el candidato a vencer es Peña Nieto. Aunque la ex presidenta del partido, Beatriz Paredes, aparece muy arriba en las encuestas entre priístas, sólo un error mayúsculo o un accidente en la campaña de Peña Nieto podría quitarle la candidatura del partido. Y si eso ocurriera, el mejor posicionado para reemplazarlo es el senador Manlio Fabio Beltrones. El ex gobernador de Veracruz, Fidel Herrera, también ha sido mencionado entre los priístas pero nunca ha estado adelante en las encuestas.

Por lo tanto, es dentro del PAN donde existe la mayor competencia. Del gabinete actual han surgido muchos aspirantes. El secretario de Educación, Alonso Lujambio, dijo en marzo de 2011 en Querétaro: "Les pido su confianza para el proyecto que pretendo encabezar, con lealtad a Felipe Calderón".

Sin duda, el apoyo presidencial al candidato partidista es vital. El secretario de Hacienda, Ernesto Cordero, solía repetir en el extranjero el mismo argumento del presidente Calderón respecto a la inseguridad: "México es, en términos de indicadores de violencia, más seguro que muchas ciudades de los Estados Unidos"; esto lo dijo ante periodistas en Nueva York. Pero luego Cordero cometió un error que le pudo haber costado la candidatura, al sugerir que con seis mil pesos una familia mexicana podía pagar el crédito para una casa, un auto y hasta enviar a sus hijos a una escuela privada. El "error de los seis mil pesos", viniendo de un funcionario que gana 30 veces más al mes, lo sacó al menos temporalmente del grupo de los presidenciables panistas.

El secretario del Trabajo, Javier Lozano, también se apuntó pronto, pero con un lenguaje muy particular. En Chihuahua, en febrero de 2011, dijo: "Mi aspiración no pretende ser una obsesión personal, sino que pretendemos ser el engranaje de un equipo que tenga éxito en los próximos años". Igual, no deja de llamarme la atención este lenguaje tan complicado y poco directo de algunos aspirantes. ¿Por qué no pueden decir, simplemente, "sí quiero ser el próximo presidente"? A ver quién les entiende.

Y luego, por supuesto, no podemos descartar a los gobernadores panistas: Juan Manuel Oliva, de Guanajuato, Marco Antonio Adame, de Morelos, y Emilio González Márquez, de Jalisco.

Asimismo, Juan Francisco Molinar Horcasitas, quien estuvo al frente del Instituto Mexicano del Seguro Social y de la Secretaría de Comunicaciones y Transportes, apareció, aunque no de manera sobresaliente, en algunas de las primeras encuestas de opinión sobre posibles aspirantes.

De los últimos en ser mencionados están el ex líder panista, César Nava, y el empresario Heriberto Félix Guerra, quien fue candidato a la gubernatura de Sinaloa en 2004 y actualmente se desempeña como secretario de Desarrollo Social. Por su parte, el ex candidato presidencial, Diego Fernández de Cevallos, se descartó personalmente de la contienda después de un largo secuestro, pero su apoyo al candidato oficial será vital.

Ahora bien, en la opinión del ex embajador de Estados Unidos en México, Carlos Pascual, todos estos panistas son "candidatos grises". De acuerdo con filtraciones de Wikileaks, así se expresó el diplomático estadounidense en un cable dirigido al Departamento de Estado. Además, añadió Pascual, "Calderón aparece por momentos preocupado e inseguro sobre la mejor forma de reforzar las oportunidades de su partido. Está convencido de que un éxito dramático en la lucha contra los grupos de la delincuencia organizada le daría impulso político". Desde luego, el cable no pudo ser confirmado de manera independiente pero sí coincide con algunas declaraciones presidenciales.

El 5 de marzo de 2011 el presidente Calderón cimbró a su partido al plantear la posibilidad de buscar candidatos para la elección de 2012 que no necesariamente pertenezcan a las filas del PAN: "Sugiero respetuosamente que nos aboquemos todos a ver en cada distrito escolar, en cada estado y en cada puesto de elección popular, quién verdaderamente, militante o no, puede responder a ese atributo de ser él o la mejor".

En un discurso de 40 minutos, el jefe del Ejecutivo había abierto la contienda. Lo que Calderón no esperaba era que un día después el propio presidente de Acción Nacional, Gustavo Madero, volviera a cerrar la candidatura presidencial: "No, no, no", le dijo Madero a periodistas que lo abordaron en la ciudad de México. "Es 99.99 por ciento seguro que el candidato va a ser panista. No podemos nunca decir que no estamos abiertos a los ciudadanos, pero lo veo poco probable."

Dentro de ese 0.01 por ciento de posibilidades para candidatos ciudadanos no independientes, hay al menos tres prospectos: el ex rector de la Universidad Nacional Autónoma de México, Juan Ramón de la Fuente; el empresario Alejandro Martí, quien creó la Fundación SOS tras el secuestro y asesinato de su hijo Alejandro; e Isabel Miranda de Wallace, ganadora del Premio Nacional de Derechos Humanos, quien luchó durante más de cinco años para que las autoridades capturaran al asesino de su hijo Hugo Alberto .

Es interesante notar que tanto Martí como Miranda representan la indignación de muchos mexicanos ante la impunidad existente en el país. Pero sin un partido político, no podrían participar en la elección. El Código Federal de Instituciones y Procedimientos Electorales en su artículo 175 especifica cuál es el candado: "Corresponde exclusivamente a los partidos políticos nacionales el derecho a solicitar el registro de candidatos a cargos de elección popular".

Esta prohibición de las leyes electorales va en contra de lo que quiere la mayoría de los mexicanos. El 51 por ciento de los encuestados por Univision y Parametría dice que "debería permitirse la posibilidad de candidaturas independientes" frente a un 36 por ciento que se opone. Pero esa ley no cambiará para las elecciones presidenciales de 2012. Dicha pelea vendrá después.

Quisiera decir que aquí están todos los que son. Pero no me atrevo. En la política siempre surgen sorpresas y tragedias. Entre las sorpresas basta mencionar un solo nombre:

Barack Obama. ¿Quién iba a pensar que un senador afroamericano de Illinois —quien no había terminado siquiera su primer periodo en el Senado; con un padre de Kenia, educado en Indonesia y Hawai— podría llegar a la presidencia del país más poderoso del mundo?

Y las tragedias. Dos ejemplos de dos Luises. Nadie hablaba de Zedillo antes del asesinato de Luis Donaldo Colosio el 23 de marzo de 1994 en Lomas Taurinas. Nadie pensaba en César Gaviria como presidente de Colombia antes de la muerte del candidato Luis Carlos Galán el 18 de agosto de 1989 en Cundinamarca.

Así que lo más que me atrevo a decir es que estos aspirantes son *casi* todos los que hay... hasta el momento. Basta un suspiro presidencial u otra ambición desmedida para echar por tierra todas nuestras listas e hipótesis.

Los Ex presidentes

La regla de los ex presidentes en México era muy clara. Al dejar Los Pinos se volvían de madera: no hablaban, no reaccionaban, no oían, no se movían. En otras palabras, no existían, al menos políticamente.

La tradición era que el nuevo presidente se distanciara del saliente. A veces los culpaban por algunos errores del pasado, e incluso se atrevían a atacar y cambiar políticas y personajes establecidos durante el sexenio anterior. Al ex presidente no le quedaba más remedio que aguantar y guardar silencio.

Ésas fueron las reglas del juego hasta el 1° de diciembre de 1994, cuando Carlos Salinas de Gortari dejó la presidencia.

El llamado "error de diciembre" —atribuible tanto al mandatario saliente como al entrante, Ernesto Zedillo— ocasionó la devaluación del peso mexicano y una terrible crisis económica. En tan sólo unos días miles de mexicanos perdieron sus casas y su patrimonio de toda una vida, y quedaron sumidos en una profunda deuda.

El abierto enfrentamiento entre Zedillo y Salinas, quienes se intentaban achacar uno al otro la responsabilidad de la crisis, terminó con la tradición priísta del silencio de los ex presidentes. Ernesto Zedillo, desde el Poder Ejecutivo, se encargó de hacerle la vida imposible a la familia de su antecesor. Por su parte, Salinas se fue de México pero no se iba a quedar callado. Al final, ambos destruyeron lo que autoritaria y minuciosamente había construido el PRI durante siete décadas.

La pugna entre el presidente y el ex presidente dejó al descubierto las fracturas de un sistema basado en el fraude, los privilegios, la corrupción y el poder casi irrestricto del ocupante de la mansión presidencial. Y ante los ojos de millones de mexicanos, ese sistema ya no daba para más.

La consecuencia para la prensa fue una mayor libertad, era inevitable cubrir el conflicto. Sin importar las órdenes que surgieran de Los Pinos, resultaba imposible ocultar el la polémica Salinas-Zedillo.

El precedente de esta liberación de los medios de comunicación en México fue el levantamiento de los zapatistas el 1° de enero de 1994, el mismo día que entró en efecto el Tratado de Libre Comercio de América del Norte. Los mecanismos de control del salinismo a los medios no se dieron abasto. La rebelión en Chiapas los sobrepasó para convertirse en una noticia a escala internacional. No se podía evadir. Y a Salinas de Gortari no le quedó más remedio que tratar de imponer su visión de lo que estaba ocurriendo en el sur del país, mas ya no pudo censurar la noticia. Las circunstancias lo rebasaron.

De esta forma, en 1994 prácticamente se acabaron de romper la mayoría de los controles oficiales hacia la prensa. México ya era otro, pero Zedillo y Salinas fueron los últimos en enterarse.

La sección más extensa del presente libro está dedicada a Carlos Salinas de Gortari. Quizás porque él tiene mucho más que explicar. Pero también se debe a que él, como acabamos de señalar, rompió la vieja costumbre de los ex presidentes priístas de mantenerse callados.

Salinas de Gortari —saben quienes lo conocen— no puede sentirse irrelevante. Es un jugador muy activo en la política nacional. Escribe, opina, presiona, negocia, sugiere, asesora. Y sin duda, una de las experiencias más duras que ha vivido fue su destierro en Irlanda. Lejos de México y lejos de los medios de comunicación. Lo más fuerte para él, me parece, fueron los ataques a su reputación. Él siempre se pensó como un presidente que había hecho el mayor esfuerzo para modernizar a México. En cambio, muchos mexicanos lo recordaban como un mandatario que generó la peor crisis económica en décadas y que permitió el enriquecimiento de su hermano Raul.

Sus libros y las muchas entrevistas que ha dado forman parte de un plan, calculado y preciso, para recuperar su nombre y su lugar en la historia. Al principio, lo que quería era sólo "generar la duda". Hoy es mucho más agresivo: quiere reinterpretar la historia contemporánea de México y asegurarse de que tendrá un lugar prominente en ella.

Contrario a otros personajes de la vida política de México, Salinas se crece en el debate. Nunca se queda sin palabras y no deja sin responder las acusaciones en su contra. Es, con todo, un muy buen entrevistado. Zedillo no lo es. Aquí también incluyo la única entrevista que tuve con Ernesto Zedillo, cuando aún estaba en la presidencia. Como verán, una buena parte de la conversación tiene que ver con su predecesor y con la manera en que él llegó al poder.

Por más "demócrata" que se quisiera presentar, Zedillo era producto del dedazo y de un sistema basado en el fraude y el abuso de poder. De hecho, con su silencio cómplice, Zedillo avaló dos dedazos: primero el de Luis Donaldo Colosio y, tras su muerte, el de él mismo.

Zedillo podrá decir que aquéllos eran otros tiempos, pero la realidad es que su ascensión al poder fue absolutamente antidemocrática. Podrá argumentar que después, en el año 2000, él fue un factor importante en la transición a la democracia. Eso es posible. Pero antes traicionó al país —igualito que los presidentes priístas que le precedieron— y fue un defensor de las peores prácticas antidemocráticas.

Zedillo sigue siendo un ex presidente a la vieja ultranza. No suele dar entrevistas a la prensa ni explicar públicamente los momentos más críticos de su presidencia. Todos perdemos con ese silencio inexplicable. Sobre todo él.

Vicente Fox habla y mucho. Él viene de una tradición más abierta, más norteamericana, si me lo permiten. Los ex presidentes estadounidenses participan activamente en la política de su país. Basta ver lo que hace Bill Clinton en Haití, Jimmy Carter con su fundación que promueve la democracia en el mundo, y hasta George W. Bush con su biblioteca presidencial en Dallas. Y Fox se ve de la misma manera: como un ex presidente activo, muy activo. Su Centro Fox en Guanajuato fue construido con esta óptica. Es parte *think tank*, centro cultural y de estudios, y hasta laboratorio político. Eso es algo nuevo en México.

Vicente Fox es una figura clave para entender la transición de México hacia la democracia. Fue un gran candidato presidencial, aunque como presidente le faltó mucho. Aun así, tuve la suerte de seguir su trayectoria desde que fue gobernador en el estado de Guanajuato hasta que dejó la presidencia. De las varias entrevistas que tuve con él, aquí presento tres que marcan el antes, durante y después de su administración. Resulta por demás interesante notar los cambios que Fox sufrió al paso de los años.

Miguel de la Madrid es uno de los ex presidentes vivos a quien no incluyo aquí. Es, literalmente, imposible conseguir una entrevista con él sin que haya restricciones de por medio. La última que lo entrevistó fue Carmen Aristegui, quien posteriormente publicó el contenido íntegro de aquella conversación en su libro *Transición*.

De la Madrid le aseguró a Carmen que el sexenio de Carlos Salinas de Gortari "terminó muy mal… permitió gran corrupción de parte de su familia, sobre todo de su hermano [Raul]. Permitió también que Raul y Enrique consiguieran de manera indebida contratos de licitación, ya fuera de obra o transporte". Cuando Carmen le pregunta a De la Madrid de dónde sacó su fortuna Carlos Salinas, él contestó que "siempre había existido una partida secreta para cubrir gastos políticos, pero se abusó".[*] En mayo de

* Carmen Aristegui y Ricardo Trabulsi, *Transición*, México, Grijalbo, 2009, pp. 101-102.

2009, la transmisión radiofónica de esa entrevista causó un gran revuelo en México.

A través de una carta abierta dirigida a Aristegui, Salinas de Gortari le respondió con dureza. Dijo sentir "dolor, porque confirma la desfavorable situación de salud y la limitación de las capacidades [de De la Madrid], e indignación por la falta de respeto con él y con la audiencia". En la misiva, Salinas niega las acusaciones contra sus hermanos —"ya en los tribunales tanto de México como en Suiza y Francia [...] se comprobó que esas imputaciones fueron falsas y prefabricadas"— y luego explica el uso de una partida secreta de millones de dólares a la que tenían acceso los presidentes priístas. Su uso "se realizó como lo marca la ley" y las auditorías e investigaciones concluyeron que "no se habían cometido desvíos hacia cuentas particulares o personales".

Naturalmente, la intención de Salinas era descalificar las declaraciones de De la Madrid por su estado de salud y porque resultaba "evidente que carece de información directa" sobre las acusaciones que había hecho.

Carmen insistió en que la conversación con De la Madrid se dio con absoluta libertad, sin presiones, y en que el ex presidente parecía en control de todas sus facultades mentales. Pero el asunto no terminó ahí. El propio De la Madrid, en un comunicado de prensa que difundió su hijo Francisco, dijo que sus respuestas a Aristegui no eran válidas debido a que se encontraba convaleciendo de un estado de salud que no le permitía procesar adecuadamente diálogos o cuestionamientos.

El problema que surgió después fue el siguiente: ¿qué debemos creer: las declaraciones del ex presidente en su entrevista con Carmen o el comunicado de prensa donde se retracta? Independientemente de la respuesta, el efecto concreto fue que De la Madrid no volvió a dar entrevistas a ningún periodista. Y así ha sido desde entonces.

Es muy importante entender qué hicieron o dejaron de hacer los presidentes mexicanos para poner en contexto a quienes les siguen. Los presidenciables adquieren una dimensión muy distinta después de leer lo que nos dicen los ex presidentes. No se entienden unos sin los otros. En consecuencia, decidí incluir aquí ambas categorías.

Por su misma naturaleza, es mucho más fácil conseguir una entrevista con un presidenciable que con un ex presidente. El presidenciable es pura promesa, o casi, mientras que el ex presidente es puro pasado, o casi, y suele adoptar posiciones mucho más defensivas respecto a sus fracasos. Sin distinción, presidenciables y ex presidentes siempre quieren presentar su propia visión del mundo y del país, a veces reescribiendo la historia y otras prediciéndola.

La única manera en que concibo una entrevista es con preguntas duras. Si no es así, prefiero no hacerla. Y en el caso de los ex presidentes, había que incomodarlos y exigir explicaciones. No se vale irse a la tumba con secretos que afectaron y afectan la vida de millones de mexicanos. Su historia también es la nuestra.

Bajo el argumento de que hay que respetar su investidura de ex presidentes y de que su sexenio ya pasó, hemos dejado colgando demasiadas preguntas. Qué bueno que los ex presidentes ya hablan porque todavía tenemos mucho que preguntar y ellos mucho que explicar.

"Todo el mundo tiene derecho a su reputación."

Cortesía: Univision

Carlos Salinas de Gortari
Cuando habla el mudo

"Llegó Salinas a México", me advirtió Porfirio Patiño, el jefe de la oficina de Univision en la capital de la República Mexicana. "A ver si ahora sí lo agarramos." "Órale pues, Porfirio", le dije sin mucho entusiasmo.

Desde que el ex presidente mexicano Carlos Salinas de Gortari se fue de México a principios de 1995, habíamos tratado de conseguir una entrevista exclusiva con él. Porfirio había obtenido teléfonos privados y logró establecer contactos muy cercanos al ex mandatario. Pero la entrevista no se había concretado.

En varias ocasiones hablé por teléfono con Salinas de Gortari, y en una ocasión fui a conversar con él a Dublín, en Irlanda. Pero él siempre se rehusaba a hablar en una entrevista para la televisión extranjera.

Nuestros diálogos fueron muy interesantes, intensos y polémicos, sin embargo, nunca los di a conocer. Ningún periodista que se dé a respetar puede divulgar información obtenida *off the record*. Sea de quien sea. El periodista que lo hace viola la profesión, viola la ética y se viola a sí mismo. El truco estaba en convencer a Salinas de Gortari de hablar pública y abiertamente, sin condiciones. "Todavía no es el tiempo", se excusaba. "El mudo hace noticia cuando habla."

La entrevista con Salinas de Gortari se convirtió casi en una obsesión. Él se había ido de México a las carreras, dejando muchas cuestiones en el aire. Y quería preguntarle lo mismo que muchos mexicanos: ¿Usted mandó matar a Colosio? ¿Cómo es posible que no supiera acerca de los negocios y las propiedades de su hermano Raul? ¿Cómo se realizó el fraude electoral de 1988? ¿Se equivocó con Zedillo? ¿Es multimillonario? ¿De dónde salió su fortuna?

Pero de pronto, el jueves 5 de octubre de 2000 recibí una llamada en mi oficina de Miami. Era Salinas de Gortari. "Ahora sí, vamos a platicar", me dijo. Iba a sacar su libro *México, un paso difícil a la modernidad*, y estaba dispuesto a conversar durante una hora sin ningún tipo de limitaciones.

Quedamos de vernos en Madrid, pero luego adelantamos la cita al viernes 6 de octubre, a la una de la tarde, en la casa de sus suegros en el Pedregal de San Ángel, en la ciudad de México.

"Mire lo que traigo aquí", me dijo después del saludo. Era su libro. No me permitió hojearlo. "Ahorita se lo presto." Era la única copia que tenía en ese momento. Las otras, unas 30 mil, llegarían desde España unas horas más tarde.

No había cambiado mucho desde la última vez que lo vi, todavía de presidente. El mismo bigote y el mismo poco pelo. Sin canas. Traje oscuro, zapatos negros, camisa azul, corbata verde. "¿El color de Irlanda?", pregunté. "No —contestó—, el color de México." Sus ojos pequeños, agudos, clavando como navaja, registrando cada detalle, cada movimiento. Nada se le iba. Controlador como siempre, pensé.

De pronto desapareció en la casa. Poco antes de la entrevista regresó para que le echara una ojeada al libro. Eran mil 400 páginas. Revisé como de rayo algunos de los capítulos que prometían polémica, pero decidí quedarme con mis preguntas.

"¿Listo?", le pregunté. "Listo", me dijo. "¿Cuál es mi cámara?" Se la apunté con un dedo, y quien había estado mudo para la prensa internacional durante cinco años empezó a hablar. Alcancé a ver a Porfirio de reojo, estaba sonriendo detrás de la cámara.

Esa entrevista duró casi una hora y media y a continuación se presenta una versión editada.

EL LIBRO

¿Por qué el libro y por qué ahora?

El libro responde a una exigencia de los mexicanos que a lo largo de estos años me han venido diciendo: denos una explicación de qué pasó.

Ha habido muchas críticas...

Yo creo que ha habido más que eso... Lo que aquí ha existido ha sido también una campaña de desinformación deliberadamente promovida desde el gobierno del presidente Zedillo.

Zedillo y la crisis económica

¿El presidente Zedillo estuvo involucrado en una campaña para desprestigiarlo a usted?

Bueno, usted me dirá: "Oiga, ¿y dónde está la orden que firmó?" Lo que hay aquí es una acción concertada del Estado mexicano para hacerle ver a todos aquellos que padecieron los terribles efectos de la crisis económica en 1995 que esa crisis se derivaba de errores que había cometido mi gobierno.

¿Cuáles fueron las causas de la crisis económica de diciembre de 1994?

Mire, hay una fundamental, está documentada y consiste en que entre el 19 y el 21 de diciembre de 1994 el gobierno del doctor Zedillo entregó información confidencial a un pequeño grupo de empresarios mexicanos de que una devaluación podía ocurrir.

¿Y eso generó una enorme fuga de divisas?

Una fuga de divisas de una dimensión tal que agotó en pocas horas la totalidad de las reservas internacionales del país.

¿Lo que me quiere decir, en palabras más sencillas, es que el llamado error de diciembre fue culpa del gobierno del presidente Ernesto Zedillo y no culpa de lo que usted dejó?

Mire, no se trata aquí de eludir responsabilidades que yo he reconocido, pero sí estoy diciendo con toda claridad que la responsabilidad del cataclismo económico del 95 es de la administración del presidente Zedillo.

Muchos mexicanos sienten que usted nos engañó, que nos prometió un México que iba a entrar en el primer mundo, nos prometió un México donde no iba a haber corrupción ni abusos. Y lo que encontramos, después de que usted se marchó, fue una terrible crisis económica. Luego nos enteramos de que su hermano Raúl fue acusado de corrupción y asesinato, de tener empresas que la gente ni siquiera se imaginaba. Es decir, que usted nos mintió durante seis años.

Qué bueno que utiliza usted esa palabra, porque efectivamente muchos mexicanos se sienten engañados.

Por usted, personalmente.

Sin duda, claro que sí.

Ni siquiera puede salir a la calle ahora.

Cómo voy a salir a la calle si durante seis años el gobierno del doctor Zedillo le ha dicho a los mexicanos: "Mira, tú que perdiste tu casa, fue por culpa del señor Salinas; tú que perdiste tu empleo, fue por culpa de lo que Salinas dejó". Y toda esta campaña de desinformación fue generada [por Zedillo] para encubrir su responsabilidad en la generación de la crisis.

Raul; el hermano incómodo

Vamos a hablar sobre Raul Salinas de Gortari. Hay muchos mexicanos que le reprochan que usted no se haya enterado de que su hermano era multimillonario. La Procuraduría General de la República habla de que Raul tenía 123 propiedades: 37 en el extranjero y 86 en México. ¿Cómo es posible que no se haya enterado de esto, señor Salinas?

Hay comportamientos de mi hermano que fueron indebidos, sin lugar a dudas, como el usar documentación falsa. Y eso me ha provocado un gran pesar y también un firme rechazo. Pero al mismo tiempo, de esas actividades privadas es donde él [Raul] ha señalado que derivó los recursos que tiene.

¿Son ciertas esas 123 propiedades?

Hasta donde se sabe, en el juicio que ya ha durado más de cinco años, no lo han acreditado. Y por lo que se refiere a los fondos que mi hermano tiene en el exterior, en México no le han hecho ninguna acusación.

Pero ¿cómo es posible que no supiera que Raul tenía ranchos, departamentos, terrenos, que viajaba de un país a otro, de una ciudad a otra? Es inverosímil que no sepa.

Usted insiste en que yo debería saber de mi hermano. Mire, Jorge, yo procuré ser un presidente bien informado. Bien informado sobre las cuestiones fundamentales del país y no sobre las cuestiones particulares de un familiar. No las consideraba esenciales en la tarea de gobernar. Ahora me doy cuenta de que debí haberle puesto más atención. Pero yo le digo una cosa: usted puede preguntarle hoy a cualquier jefe de Estado en el mundo si sabe exactamente qué están haciendo sus familiares. Pregúntele al doctor Zedillo si sabe lo que hace su hermano.

La policía suiza concluyó, después de tres años de investigaciones, que Raul usó su influencia para proteger al narcotráfico, que pudo haber recibido hasta 500 millones de dólares en sobornos y que parte del dinero de los narcos lo puso en su campaña. ¿Sabía usted esto? Es un reporte de 369 páginas de la policía suiza.

Así es. Es un reporte que está basado en los testimonios de testigos protegidos, delincuentes que dicen que oyeron. Además, tan poca confianza tuvieron las autoridades que elaboraron ese reporte que no lo utilizaron para hacer una acusación formal. Porque, como usted sabe, esos fondos que están depositados afuera, decidieron decomisarlos sin acusación formal. No voy a debatir los términos de esa acusación.

Pero la acusación es que su hermano estuvo involucrado con el narcotráfico. Eso es muy grave, ¿no?

Quiero decirle que hoy por hoy no hay ninguna evidencia directa que pruebe eso. Para mí esa afirmación es totalmente falsa.

Usted habla de comportamientos indebidos de Raul. ¿Qué comportamientos?

Comportamientos indebidos, como mencioné hace un momento, de utilizar documentación falsa. Comportamiento de realizar actividades que, si bien podían ser en el marco de la ley, creo que un familiar de un presidente debe guardar un comportamiento mucho más recatado. Ésa es mi convicción. Repito. No está prohibido por la ley pero creo que así debe ser.

Era el hermano incómodo... sin la menor duda.

Ese apelativo se lo dieron una semana antes de terminar mi gobierno. Pero déjeme decirle una cosa muy claramente: ninguna decisión que yo tomé, o que alguno de mis colaboradores principales tomó, tuvo ninguna relación con los fondos de empresarios que Raul depositó en cuentas extranjeras.

UN SECRETARIO MUY PARTICULAR

Usted dice que no sabía lo que hacía Raul. Supongamos que aceptamos su palabra. Pero ¿qué pasaba con otros colaboradores? ¿Qué pasa con Justo Ceja, su secretario particular, que, de acuerdo con la Secretaría de la Contraloría, entre 1989 y 1994 depositó en sus cuentas seis millones 800 mil dólares? ¿Cuánto ganaba este funcionario público que de pronto se convierte en multimillonario?

Mire usted, a mí me gustaría que ese tipo de acusaciones pudieran revisarse en un sistema donde prive el Estado de derecho. Pero esas acusaciones se hicieron en el marco de esta campaña para encubrir la responsabilidad del gobierno en la quiebra de las familias mexicanas.

Pero la acusación viene de la Secretaría de la Contraloría.

Sí, la Secretaría de la Contraloría que depende del doctor Zedillo.

¿Cómo es posible que su secretario particular, señor Salinas, acabara con casi siete millones de dólares después de su sexenio?

Usted lo repite con un énfasis para que el auditorio lo escuche, y lo entiendo.

Es que son casi siete millones de dólares. ¿Cuánto ganaba Justo Ceja?

No, pero permítame, es una acusación que no ha sido probada.

El asesinato de Ruiz Massieu

Su hermano Raul está en la cárcel acusado de asesinato. María Bernal, la ex amante de su hermano Raul, dice recientemente en un libro que él le dijo a ella que se quería deshacer de José Francisco Ruiz Massieu. Y poco después Ruiz Massieu fue asesinado. ¿Estas acusaciones le preocupan a usted?

Mire usted, a mí me parece que ese tipo de señalamientos deben dirimirse en una corte de derecho. Lo único que yo sé es que mi hermano en este caso y en esta acusación precisa fue objeto de una persecución en la cual se dio el soborno al testigo con medio millón de dólares, la siembra de una osamenta, el recurso a la bruja y el vidente, y utilizar testimonios de oídas. Y en base a eso, el juez que sentenció a mi hermano expresó en la sentencia que no hay motivo que explique la acusación que se le hace al ingeniero.

No hay tampoco acusación directa, dijo el juez. El testigo que le hace la imputación es de oídas, se le hizo un pago de medio millón de dólares, tiende a mentir y es drogadicto. Y dijo el juez: le creo, y condenó [a Raul] a 50 años. Así que de veras estoy esperando a que se recuperen en México las condiciones mínimas de un Estado de derecho para que sepamos realmente cuál es la verdad y no las fabricaciones que se han hecho.

¿Usted cree entonces que su hermano Raul es inocente de los cargos de asesinato?

Lo creí desde el momento que lo detuvieron y después de ver este espectáculo circense que fue el proceso de acusación, hoy estoy todavía más convencido de su inocencia en esa acusación.

¿Quién mató a Colosio?

Daniel Aguilar Treviño, el asesino confeso de José Francisco Ruiz Massieu, dijo en enero de 1999 que los asesinatos de Ruiz Massieu y Luis Donaldo Colosio se fraguaron en Los Pinos.

¿Quiere que le haga un comentario sobre la declaración de un asesino confeso que mi gobierno detuvo, encarceló y sometió a juicio, y que además ha sido sentenciado por el crimen que cometió?

Él ha expresado diferentes opiniones a lo largo del tiempo. Mire, Jorge, lo único que le diría acerca del comentario de una gente con nulo prestigio como éste es que habría que pensar si no es una más de las piezas en las fabricaciones que se han hecho en estos años.

Es que lo están acusando a usted de haber participado en los dos asesinatos más importantes de la época moderna en México.

Yo estoy convencido de que ha sido montado todo este aparato de fabricaciones precisamente para ocultar responsabilidades que son esenciales para la vida diaria de los mexicanos. Y usted dirá por qué regreso yo a este tema de la crisis de 1995. Porque en el cambio de dirección que tuvo el gobierno del doctor Zedillo está precisamente el encubrimiento de la responsabilidad en esa crisis mayúscula. Recuerde usted, Jorge, que ese año la producción en México tuvo la caída más grande en medio siglo, que hoy en el año 2000 apenas se están recuperando los niveles de empleo, de inflación, de crédito que yo dejé al final de mi administración. De ese tamaño es la crisis.

Déjeme preguntárselo directamente: ¿usted mandó matar a Colosio?

Luis Donaldo Colosio era mi amigo entrañable. Luis Donaldo Colosio y yo teníamos una relación de 15 años durante la cual desarrollamos una afinidad política y una cercanía fundamental. Quienes afirman que Donaldo Colosio y yo tuvimos una diferencia no conocen los diálogos intensos, la relación directa y el trabajo político común que tuvimos a lo largo de 15 años.

Pero es que había tensiones. Por ejemplo, el 6 de marzo de 1994, Colosio pronunció un discurso donde se distancia

de usted. Ernesto Zedillo, entonces coordinador de la cam-
paña, le escribió una carta a Colosio donde habla sobre las
tensiones que existían con usted. ¿No es ésta una línea de
investigación? ¿La gente no tendría razón de sospechar que
usted tuvo algo que ver en el asesinato de Colosio?

Mire usted, si la gente supiera que después de la familia
quien más afectado resultó por la muerte de Luis Donaldo
Colosio fui yo, entonces tendría una perspectiva diferente.
Pero ¿qué les han dicho? Que en el discurso del 6 de marzo
hubo un distanciamiento. ¿Y por qué no revisan en las he-
merotecas qué se dijo al día siguiente de ese discurso?

Aquí tengo el discurso. Colosio dijo: "Es la hora de cerrarle
el paso al influyentismo, a la corrupción y a la impunidad".
Muchos creen que es una crítica directa a usted.

Yo más bien lo veo como una posición muy firme que iba
contra actividades que durante mi gobierno eran combati-
das. Y además, al día siguiente de ese discurso, en la revista *Proceso*, Luis Donaldo Colosio publicó una entrevista
donde dijo: sí quiero cambios, pero dentro del programa
que llevamos en la administración del presidente Salinas.
¿Qué le parece?

Quiero volver a la pregunta. ¿Usted no tuvo nada que ver
con el asesinato de Colosio?

Yo fui de los que más perdieron con la muerte de Colosio.

La traición

Tras el asesinato de Colosio, usted escoge a Ernesto Zedillo para reemplazarlo. ¿Se equivocó con Zedillo?

Yo estoy convencido de que en las circunstancias en que se dio la selección del relevo de Luis Donaldo Colosio, el más indicado era el doctor Zedillo.

Pero ¿finalmente Zedillo lo traicionó a usted?

Yo diría que el doctor Zedillo dejó de lado la plataforma y el ideario con el cual alcanzó la victoria en la elección presidencial de 1994. Ésa sí es una traición. No son cosas personales. Lo que yo afirmo en el libro es que la plataforma que yo sostuve, que Colosio abanderó y que Zedillo ratificó para alcanzar la victoria en la elección de 1994, la dejó de lado. Ésa es la traición a la que yo me refiero.

Y la traición a la que yo me refiero es si [Zedillo] lo traicionó al encarcelar a su hermano. Muchos piensan que Raul está [físicamente] en la cárcel, pero que es usted, mentalmente, quien está en la cárcel.

Mire, ésa es una situación en lo personal y en lo familiar muy dura. Usted ha de comprender lo que ha significado durante estos años toda esta clase de acusaciones fabricadas que se han promovido intensamente en los medios masivos, en la prensa, en los comentarios.

LA TRANSICIÓN

¿Usted sabía que Zedillo iba a ser removido de la campaña de Colosio?

No, no lo sabía. Lo supe después.

¿Quién se lo dijo?

La viuda de Luis Donaldo Colosio.

¿Diana Laura tampoco quería que Zedillo fuera el candidato [presidencial tras la muerte de Colosio]?

Ella dijo que no entendía por qué se había postulado al doctor Zedillo si Luis Donaldo pensaba removerlo.

Usted escogió a Zedillo, ¿no?

Yo jugué un papel fundamental para que el doctor Zedillo fuera el candidato del PRI a la Presidencia de la República. Sí, y también un papel fundamental para que Luis Donaldo Colosio fuera el candidato del PRI a la Presidencia de la República.

Dos veces usted, personalmente, escogió a quien sería...

Dos veces jugué un papel esencial para que el PRI postulara como candidatos a la Presidencia de la República a Donaldo Colosio y a Ernesto Zedillo.

La reunión de marzo de 1995 y la mentira de Zedillo

¿Sobre qué discutieron usted y Zedillo en una reunión que supuestamente se realizó en la ciudad de México en marzo de 1995 y que precedió a su partida al extranjero?

No supuestamente. Sucedió.

¿Sí hubo reunión?

Por supuesto que la hubo.

¿En marzo de 1995?

Sí señor.

¿Por qué el presidente Zedillo me dijo en una entrevista que la última vez que lo vio a usted fue el 1° de diciembre de 1994?

Pues me apena mucho decir que eso no es cierto. El doctor Zedillo y yo nos reunimos la noche del viernes 3 de marzo de 1995 en la casa de don Arsenio Farell en Tecamachalco, al norte de la ciudad de México. Y durante dos horas conversamos sobre aspectos que eran esenciales que pudiéramos precisar.

¿A qué hora fue la reunión?

Si mal no recuerdo fue después de las ocho de la noche.

¿Hubo testigos, hubo otras personas presentes?

Bueno, quienes acompañaron al doctor Zedillo al llegar y quienes me acompañaron a mí.

¿Le ofreció Zedillo inmunidad a cambio de que pudiera salir del país?

No me podía ofrecer lo que nunca le pedí. Y quiero decirle que yo salí de México por mi propia voluntad. Y si lo hice fue porque en ese momento se me quería presentar como el responsable de toda la inestabilidad económica y política que estaba sucediendo en el país. Tomé la decisión de ausentarme para no ser un factor utilizado como pretexto para no resolver los problemas que tenían.

¿Qué negociaron en esa reunión?

Negociar nada. Dialogamos, sí. ¿Por qué? Porque acababa yo de iniciar una huelga de hambre, que ha sido bastante distorsionada en los medios de comunicación, y la cual decidí realizar porque […] lo que estaban preparando era una acusación formal en mi contra en el caso de Luis Donaldo Colosio. A ese grado.

¿O sea que el gobierno de Zedillo estaba a punto de acusarlo a usted por el asesinato de Colosio?

Eso se me dijo a mí.

¿Se habló sobre esto en la reunión de marzo?

¡Por supuesto! Claro que se habló. Ése es uno de los temas centrales por los cuales hablamos.

Pero ¿Zedillo mintió?

Un jefe de Estado, en mi opinión, no debe mentir.

¿Y Zedillo mintió?

Pues si a usted le dijo que no hubo una reunión, sí mintió.

¿DE FUNCIONARIO PÚBLICO A MULTIMILLONARIO?

Señor Salinas, ¿usted siempre ha sido funcionario público?

Toda mi vida, sí.

Sin embargo, la percepción es que usted es multimillonario. ¿Cómo puede un funcionario público ser multimillonario y vivir cinco años en Europa sin tener que trabajar?

En primer lugar, seguí trabajando después de terminar la responsabilidad de la Presidencia de la República. Usted sabe que fui miembro del consejo de una empresa muy importante como es Dow Jones. Además, durante el ejercicio de mi responsabilidad formé mi patrimonio.

Pero usted entiende: siempre ha sido funcionario público. Los salarios de los funcionarios públicos son muy bajos y usted es multimillonario.

Quiero decirle una cosa, Jorge. Mi vida en el extranjero durante estos años fue en una casa rentada, viajaba yo en los medios comerciales normales y tenía una vida discreta. Sí, formé un patrimonio a lo largo de mi vida y el trabajo que he seguido desarrollando me permitió sostener la vida que he llevado fuera.

Pero, entonces, ¿usted no es multimillonario?

Usted lo que quiere que le diga es...

Si tiene más de un millón de dólares o si tiene más de 100 millones de dólares.

Formé el patrimonio que me ha permitido tener una vida con mi familia, como le repito, en el exterior, en la casa que he rentado y utilizando medios comerciales de movimiento.

LOS INMIGRANTES Y EL TLC

¿Al Tratado de Libre Comercio no le faltó un tratado migratorio que evitara que en estos momentos haya seis millones de inmigrantes indocumentados en Estados Unidos? ¿Por qué no se atrevieron a negociar con Estados Unidos el tema de la migración [de mexicanos]?

173

Se lo explico. Me dijo el presidente George Bush: "Mire, presidente Salinas, promover un Tratado de Libre Comercio con una nación en desarrollo va a ser muy difícil ante el Congreso norteamericano. Si le agregamos el tema migratorio va a ser imposible". Y entonces me dijo: "Hablemos de petróleo". Yo le respondí: "Mire, presidente Bush, para promover un nuevo tipo de relación con Estados Unidos ante el pueblo mexicano y ante el Senado va a ser muy difícil. Y si incluimos el petróleo va a ser imposible". Pues no hubo inmigración y tampoco hubo petróleo.

Es la primera vez que se acepta públicamente que hubo un acuerdo para no tocar ni el petróleo ni la migración.

Más que un acuerdo, estábamos dialogando sobre los temas fundamentales que iba a contener el tratado. Y reconocimos que si empujábamos [el tema de la] migración en ese momento, no habría tratado.

EL FRAUDE DE 1988

¿Podemos ya decir que en 1988 un fraude electoral lo llevó a la presidencia? ¿Hubo fraude o no hubo fraude?

Por supuesto que no hubo fraude...

Pero ¿cómo no va a haber fraude?

¿Ah, sí?

A ver, se cayó el sistema; se tardaron seis días para tener los resultados finales. En mil 762 casillas, muy en el estilo soviético, hubo 100 por ciento del voto a favor del PRI. La mitad de las 54 mil casillas no fueron contadas por la oposición. En 1992 se destruyeron los votos en el Congreso priísta dominado por usted. ¿No hubo fraude en 1988?

Veo que es un tema que ha revisado con cuidado. Pero en este caso lo revisó incompleto.

A ver, ¿qué faltó?

¿Cómo? Faltó documentarse suficientemente.

No me va a decir que no hubo fraude. Cuauhtémoc Cárdenas sigue diciendo que hubo fraude. Muchos mexicanos consideran que hubo fraude.

Bueno, bueno, ¿cómo no lo van a considerar si les han empujado la idea en estos años con la campaña de desinformación?

Yo estuve aquí [en México] también. Cuauhtémoc Cárdenas iba arriba cuando se cae el sistema de computación que estaba contando los votos. Y cuando regresa el sistema, usted sale de ganador.

Ésa es la imagen que se formó. No se cayó el conteo de votos. Sí se cayó la computadora. Pues, ¿a quién se le ocurre montar una computadora que no tenía forma de operar?

Las 55 mil actas están depositadas con las firmas de los representantes del PRD —que no se llamaba así entonces—, del PAN, del PRI y de los otros partidos. Yo lo invito a que visite usted el Archivo General de la Nación, lleve sus cámaras, filme allí las actas y vea cómo están firmadas. Y esas actas no se quemaron, Jorge, sólo unas cuantas boletas. Es otra ficción que se promovió para decir que se escondió el resultado de la elección. Es la elección mejor documentada en el Archivo General de la Nación.

LAS ACUSACIONES

Sobre su gobierno hay varias acusaciones. En junio de 1997 la fracción panista de la Cámara de Diputados hablaba de la desaparición de siete mil millones de dólares, producto de la venta de las empresas paraestatales y de las privatizaciones. Desaparecieron siete mil millones de dólares.

Está comprobado que cada peso que se obtuvo de las privatizaciones se utilizó para pagar deuda pública.

¿O sea que nada desapareció?

Nada, absolutamente. Y está documentado.

Usted, en su sexenio, tuvo 854 millones de dólares de una partida secreta del presupuesto. ¿Cómo se gastó este dinero?

En todos los gobiernos, en todo el mundo, existen fondos confidenciales que se utilizan para tareas responsabilidad del Estado. En México están establecidos por la propia Constitución y reconocidos por el Congreso.

Pero eso es motivo de abuso, porque usted se pudo gastar 854 millones de dólares como se le pegó la gana.

Usted repite la cifra y yo lo entiendo.

Es fuerte la cifra. Yo la repito pero usted se la gastó.

Perdóneme pero ésos son gastos del Estado en tareas responsabilidad del Estado. Como en todo el mundo. Y en México vienen desde 1824.

La última acusación: el Partido de la Revolución Democrática habla de por lo menos 500 miembros de su partido muertos durante su sexenio por promover un ambiente de linchamiento.

Efectivamente hubo agravios contra perredistas durante mi gobierno. Yo le pedí a la Comisión Nacional de los Derechos Humanos que investigara cada uno de ellos. Se identificaron 64. Se analizó cada uno. Todos fueron del ámbito local, no federal. Y durante mi administración se resolvió el 90 por ciento de los casos.

Por qué perdió el PRI

¿Por qué perdió el PRI en México en las pasadas elecciones?

Más que los 71 años en el poder del PRI, lo que explica la derrota del 2 de julio [de 2000] son los últimos seis años del PRI en el poder.

¿La culpa de que haya perdido el PRI es de Ernesto Zedillo y de su gobierno?

Le toca sin duda al doctor Zedillo explicarle al PRI por qué lo llevó a la derrota histórica que sufrió el pasado 2 de julio.

¿Usted conoce a Vicente Fox?

No, lo conozco muy poco. Usted hizo mucho énfasis en por qué perdió el PRI. Yo le diría que el resultado de la elección del 2 de julio se explica en gran medida por el trabajo tenaz de Vicente Fox. Y también por el esfuerzo que a través de 60 años realizó el Partido Acción Nacional para llegar al poder en el país.

¿Ganó Fox o perdió el PRI?

Yo diría que ganó Fox y sin duda fue la derrota histórica del PRI.

La familia y Fidel

Tiene dos hijos pequeños: Ana Emilia y Patricio Jerónimo.
¿Los dos nacieron en Cuba?

Mi hija Ana Emilia Margarita es mexicana; nació en La Habana. Mi hijo Patricio Jerónimo es mexicano; nació en Dublín. Y en realidad tengo cinco hijos: Ceci, Emiliano, Juan Cristóbal, Ana Emilia Margarita y Patricio Jerónimo.

¿Fidel Castro lo ayudó a esconderse en Cuba?

He estado ocasionalmente ahí. Sí.

El hecho de que Ana Emilia haya nacido en La Habana y que usted haya pasado momentos en Cuba, ¿le ha hecho perder la objetividad? Por ejemplo, ¿para usted Fidel Castro es un dictador?

Ah, ¿vivir en Cuba es perder objetividad?

¿Fidel Castro es un dictador para usted? Quiero probar su objetividad.

Los mexicanos tenemos como principio no intervenir en los asuntos de otra nación.

No me va a decir que después de 41 o 42 años usted cree que Cuba es una democracia.

El juicio que yo tenga es personal. Pero como mexicano y ex presidente de la República tengo la responsabilidad de no interferir en los asuntos internos de otra nación.

LIMPIANDO EL NOMBRE

Para acabar. Usted estuvo, por supuesto, seis años al frente del gobierno mexicano. ¿Tendrá que pasar el resto de su vida tratado de recuperar y limpiar su nombre?

Mire usted, yo creo que todo ser humano tiene derecho a defenderse y presentarse en cualquier lugar. Pero el propósito de mi libro no es el de reconstruir una reputación. El propósito del libro es acreditar el trabajo de una administración competente que durante seis años promovió la modernización de México. Lo que yo busco es cerrar un capítulo con este libro.

¿Qué va a hacer ahora? ¿Quiere regresar a México?

México siempre será mi lugar de residencia permanente; mi emoción, mi corazón, mi vivencia. Ésta es mi patria.

Pero ¿podemos esperar que usted empiece a vivir en México en los próximos meses?

Bueno, en cuanto termine yo el programa que tengo de difusión del libro, sin lugar a dudas, así será.

¿A partir de diciembre [de 2000]?

O enero, febrero. Vamos, ya a partir del año próximo.

LA ESPADA Y EL ESCUDO

Me mencionaba que este libro será espada y escudo para sus hijos. Explíqueme.

Un escudo frente a todo lo que se ha dicho todos estos años. Es decir, que mis hijos vean para el futuro y que no tengan que estar explicando a su papá. Ése es el escudo. Y la espada para que sepan que pueden llevar el nombre con dignidad y con orgullo.

¿Se le podrá quitar el apodo del "villano favorito"?

Mire, los apodos, como los temas de opinión pública, cambian con el tiempo. Al final lo que queda es el juicio de la ciudadanía.

LA GRABACIÓN

"Yo sé que mucha gente no me va a creer, Jorge", me dijo Salinas al despedirse acompañado por su esposa Ana Paula. "Pero lo único que quiero ahora es generar la duda; sólo eso ya es ganancia."

Y duda generó... durante algunos unos días. Hasta que

se dio a conocer una conversación telefónica de Raul Salinas con su hermana Adriana. En esa plática grabada de manera secreta y posiblemente ilegal, Raul asegura que su hermano Carlos sí estaba enterado del origen de su dinero, que una parte surgió del "erario público" y que los pasaportes falsos que obtuvo fueron expedidos por el gobierno del ex presidente.

¿Quién mandó grabar ese diálogo telefónico? ¿Quién lo filtró a los medios? ¿Quién salía ganando? Como quiera que fuera, tras la difusión de esa conversación, Carlos Salinas de Gortari volvió a desaparecer del mapa.

* * *

La segunda entrevista

Pasarían casi ocho años antes de volver a conversar con Salinas de Gortari. Y la excusa era, nuevamente, otro de sus libros: La *"década perdida"*. Y digo excusa —de casi 600 páginas— porque todo lo que hace el ex presidente parece tener una motivación política. No da paso sin huarache, como solemos decir en México. El asunto, desde luego, no era el libro. ¿Qué quería lograr Salinas con su publicación? ¿Qué quería lograr con esta entrevista?

De Salinas de Gortari he escuchado muchas cosas. Pero nunca nadie lo ha acusado de ser poco inteligente. Entonces la pregunta es cómo fue posible que uno de los presidentes más inteligentes que ha tenido México haya caído tan rápidamente en desgracia al salir del poder.

Volví a hablar con él en un hotel de Washington en mayo de 2008. Estaba ahí para recibir un premio y para defender el Tratado de Libre Comercio que negoció con Estados Unidos y Canadá.

¿Usted cree que fue el mejor presidente que ha tenido México en los últimos 20 años?

En ningún momento un presidente puede hacer juicio sobre sí mismo. Yo conozco mis aciertos y sin duda mejor que nadie conozco mis errores.

Cuando Salinas de Gortari dejó la presidencia el 1° de diciembre de 1994, millones de mexicanos perdieron sus casas, sus empleos y sus ahorros en una de las peores crisis económicas que ha vivido el México contemporáneo.

¿Usted está culpando a Ernesto Zedillo por esto?

Bueno, es que así son los hechos. Y los hechos están documentados.

Pero ¿usted se está quitando de culpa de lo que ocurrió?

Al contrario, yo dije que había una serie de problemas, nada más que ellos con esas decisiones fatídicas de diciembre y las siguientes convirtieron un problema en una crisis y ésa es la diferencia.

¿Se refiere a Ernesto Zedillo y su gobierno?

Sí.

Pero usted escoge a Ernesto Zedillo como candidato del PRI y presidente...

Fue una circunstancia dramática a la muerte de Luis Donaldo Colosio en marzo de 1994, cuando en esas horas aciagas de enorme dolor personal y de una consternación nacional, el PRI tuvo que seleccionar un candidato sustituto.

Sí, pero ahora ya podemos decir que usted escogió a Zedillo y antes usted escogió a Colosio.

¡Pero hombre! Era una decisión en la cual el presidente de la República, que provenía del PRI, tenía una gran influencia sobre el partido.

Si usted no hubiera querido, Zedillo no sale de presidente.

Pero si el PRI se hubiera resistido, tampoco.

Usted critica a Zedillo. ¿No será porque Zedillo manda arrestar a su hermano Raul? Es decir, ¿no hay razones personales en todo esto?

Mire, sin lugar a dudas, hubo hechos que lastimaron mucho a mi familia, el nombre y la reputación.

Raul Salinas de Gortari fue acusado formalmente de planear el asesinato del político José Francisco Ruiz Massieu el 28 de septiembre de 1994. Raul pasó más de una década en la cárcel de máxima seguridad de Almoloya y luego fue liberado. Pero aún hay preguntas sobre su fortuna personal.

¿Por qué acusan a su hermano Raul de ser el autor intelectual del asesinato de José Francisco Ruiz Massieu y también de haber recibido dinero del narcotráfico?

Y los hechos que han demostrado que ambas acusaciones fueron fabricadas. Ya los tribunales en México exoneraron a mi hermano y después de 10 años de injusto encarcelamiento, dijeron: "Es usted inocente, váyase a su casa".

Usted habla en su libro de que en México, después de su presidencia, había muchísima impunidad. Pero ¿no es acaso impunidad que su hermano Raul se haya enriquecido abiertamente durante su presidencia, señor Salinas?

Mire, Jorge, él está ahorita sujeto de un proceso a lo que se llama enriquecimiento inexplicable. Esperemos que el proceso concluya para ver que si lo que se afirma y se promovió en los medios desde las esferas del gobierno, se sostiene en los hechos o también fue una fabricación.

La Procuraduría General de la República informó que Raul tenía 123 propiedades: 37 en el extranjero, 86 en México. El hermano del presidente...

Si se tuvieron por malos procedimientos, el juicio lo determinará.

Pero ¿no le parece a usted que hay algo muy raro cuando su propio hermano tiene documentación falsa? ¿Para qué quiere una identificación falsa?

Ese hecho, y así lo ha explicado en sus propias testificaciones, lo reconoció y lo castigaron por eso. Y me pareció muy bien que lo castigaran, además.

La gente quiere saber de qué vive, señor Salinas. ¿Es usted millonario?

Yo vivo del ingreso y el patrimonio que declaré ante la Secretaría de la Contraloría General de la Federación.

Pero ¿es millonario? Usted siempre ha tenido puestos públicos. Ése es el punto. ¿Cómo puede vivir como millonario?

¿Y por qué me califica usted de esa manera sin tener una sola evidencia?

No, le pregunto.

Es que no es una pregunta. Casi en la pregunta hay una afirmación. Usted está compartiendo el estereotipo que se ha formado a raíz de este reclamo enorme de los mexicanos de por qué perdimos nuestro patrimonio a partir del 95.
La historia del otro hermano del ex presidente, Enrique Salinas de Gortari, aún está sin esclarecerse. Enrique fue asesinado, aparentemente dentro de un auto, en circunstancias muy extrañas en diciembre de 2004.

¿Quién lo mató y por qué?

Lo que han documentado las autoridades que han estado haciendo la investigación es que hubo un intento de extorsión sobre mi hermano. Ellas concluyen que en el intento de extorsión fue que lo victimaron.

Ocurrió durante la presidencia de Vicente Fox...

Así es.

¿Usted cree que el gobierno de Vicente Fox tuvo algo que ver con el asesinato de su hermano Enrique?

Yo no hago ningún señalamiento específico al responsable de la presidencia, ni mucho menos, Jorge. Lo que digo es que, todavía en las procuradurías en esa época, había gentes que tenían una agenda particular, agenda que utilizaban para su propio beneficio.

Las elecciones presidenciales de 1988, sobre las que se ha documentado que hubo enormes irregularidades, siguen siendo un tema delicado para el ex presidente. Su contrincante en esas votaciones, Cuauhtémoc Cárdenas, siempre ha asegurado que hubo fraude y que él fue el verdadero ganador. Salinas sigue peleando esos resultados varias décadas después.

¿Usted ya abiertamente puede decir que hubo fraude en 1988 y pedirle disculpas a Cuauhtémoc Cárdenas?

187

¿Sabe lo que las actas señalan? Que hubo irregularidades, por supuesto. Se señalaron. Pero ¿sabe lo que las actas señalan? En las actas, que están firmadas por los representantes de los candidatos de oposición, pues en esas actas la suma de los votos muestra que ganó el candidato del PRI.

Pero no puede haber un recuento porque quemaron los votos.

No, señor. Las actas están en el Archivo General de la Nación.

Las actas, pero no los votos.

Pero sí las actas donde firman precisamente los representantes de los partidos en cada una de las 55 mil casillas.

¿Cómo ganó usted mil 762 casillas con el cien por ciento del voto. ¿Nadie se enfermó, nadie votó por la oposición? Cien por ciento, señor Salinas.

Cuando usted va a las comunidades más alejadas del país, si se parece a las elecciones de 2006, hay casillas con cien por ciento de los votos en las elecciones de hace dos años, Jorge.

Cuauhtémoc Cárdenas me dijo en una entrevista y cito: "Estamos convencidos de que hubo fraude electoral en 1988, el 99 por ciento de los mexicanos".

Pues no sé qué encuestas haya hecho él, porque precisamente las encuestas que se hicieron días previos a la elección validaron lo que finalmente las actas demuestran.

Salinas de Gortari dedica su libro, La *"década perdida"*, a sus seis hijos. Es, me dijo, para que conozcan mejor a su padre.

Quiero terminar cerrando el círculo...

Pues irá a terminar cerrando la soga sobre mi cuello, porque no ha dejado una.

¿Por qué usted le dedica el libro no sólo a sus hijos, sino particularmente a Mateo? ¿Quién es Mateo?

Es un chiquito que tengo. Mi hijo con mi esposa Ana Paula, de dos años.

Esto me llama mucho la atención. Mateo, desde luego, no puede leer el libro todavía. Pero me da la impresión de que usted le quiere decir a Mateo: "No oigas lo que dicen, mejor lee lo que yo escribí".

No, Jorge. Mateo, afortunadamente, junto como mis otros cinco hijos —Ceci, Emiliano, Juan Cristóbal, Ana Emilia y Patricio— van a vivir en un mundo en que van a estar expuestos a la realidad que se vive. Y lo único sí que le digo es: "Aquí está un punto de vista y ustedes podrán decidir conforme a su criterio". En esta vida todo el mundo tiene derecho a su reputación.

❧Posdata: Salinas por Paz

Hoy sigo persiguiendo a Salinas de Gortari, igual que la primera vez que lo entrevisté, en una banqueta, mientras él hacía fila para votar en las elecciones de 1988. Si lo logras sacar de su discurso memorizado y del mensaje que trata de comunicar, es sin la menor duda uno de los personajes más interesantes para entrevistar en todo México. Y, si se deja, lo volveré a entrevistar.

Sospecho que la historia lo juzgará con dureza. Sus logros, particularmente el Tratado de Libre Comercio de América del Norte, han quedado opacados por la terrible crisis económica de 1995, las inequidades generadas por las privatizaciones y los abusos de su hermano Raul. Pero es imposible, aun a estas alturas, hacer un juicio definitivo.

Eso mismo le pregunté a Octavio Paz en la primavera de 1996 durante un extraño viaje del premio Nobel de literatura a Miami. Y su opinión del gobierno de Salinas ha sido una de las más atinadas que he escuchado.

¿Se le puede hacer ya un juicio político al gobierno de Salinas de Gortari?

Bueno, sí. Un juicio político se le está haciendo todos los días. Un juicio histórico todavía no.

¿Le pareció un buen presidente Salinas?

Muchos aspectos de su régimen fueron buenos. Hay que decirlo de un modo tranquilo. Otros no. La gran pretensión de Salinas —y lo que fue importante de su régimen— fue la tentativa de modernizar al país. Esto me parece que era la tarea, y es la tarea histórica, a la que se enfrenta México: la modernización. Al mismo tiempo, los métodos no fueron los mejores, sobre todo ahora que hemos sabido la protección o la impunidad de que gozó su familia. Esto es una herencia del pasado y esto es el origen de muchos de los fracasos históricos de México. Lo que llamaríamos patrimonialismo: el concebir al Estado como propiedad personal de un hombre o de una familia. Sí hubo patrimonialismo en el caso de Salinas, por lo visto, con su hermano. Y esto sí es lo más grave.

Éste es el juicio de Paz sobre Salinas. El más duro. El que perdura.

"A mí se me informó de mi partido que yo sería el candidato."

Cortesía: Univision

ERNESTO ZEDILLO
El presidente accidental

"Zedillo fue presidente por un accidente", me dijo el senador priísta Manlio Fabio Beltrones. De pronto, Beltrones se dio cuenta de que había una cámara filmando nuestra conversación. No se inmutó. "Eso ya lo han dicho otros."

Ernesto Zedillo es el ex presidente más elusivo que hay en México. Una vez que terminó la presidencia, prácticamente desapareció de la vida pública mexicana. La Real Academia define "eludir" como "evitar con astucia una dificultad o una obligación; esquivar el encuentro con alguien o con algo". Y eso es precisamente lo que ha hecho Zedillo en México.

Zedillo no suele dar entrevistas a medios nacionales. No opina ni escribe editoriales sobre la política mexicana. Su vida está en el exterior. Es el director del Centro para Estudios de la Globalización de la Universidad de Yale, donde imparte clases. También es miembro de varias juntas directivas de empresas y organizaciones en el exterior.

A Zedillo lo recordamos por dos momentos cruciales de la historia reciente de México: cuando reemplazó a Luis Donaldo Colosio, tras su muerte, y cuando reconoció el triunfo de la oposición en las elecciones de 2000. Algunos le atribuyen a él una participación esencial en la transición democrática de México; otros lo acusan de débil y de no haber tenido más remedio que aceptar lo inevitable.

Zedillo no es precisamente el más demócrata de los presidentes que ha tenido México. Aceptó, sin quejarse, el dedazo que lo puso en la presidencia.

Sólo he podido entrevistarlo formalmente una vez, durante su presidencia. Y estoy seguro de que no volveremos a hablar.

La entrevista

Como decía el personaje televisivo del *Chavo del Ocho*, a Ernesto Zedillo le tocó ser presidente "sin querer queriendo". Zedillo llegó accidentalmente a la residencia oficial de Los Pinos porque no había otro que reemplazara al asesinado candidato del PRI, Luis Donaldo Colosio. Unos estaban imposibilitados por la ley electoral, otros hubieran sido fácilmente derrotados por los fuertes candidatos presidenciales de la oposición: Cuauhtémoc Cárdenas, del PRD, y *el Jefe* Diego Fernández de Cevallos, del PAN.

Zedillo nunca buscó la presidencia, le llegó. El entonces presidente Carlos Salinas de Gortari escogió a Ernesto Zedillo —el jefe de la campaña electoral de Colosio— como candidato presidencial del PRI, aunque después, seguramente, se arrepintió.

Fue el segundo dedazo de Salinas y el que más caro le costó. Durante la presidencia de Zedillo, el ex mandatario Carlos Salinas de Gortari terminó en un autoexilio en Dublín, Irlanda, y su hermano Raul en la cárcel, acusado de enriquecimiento inexplicable y de ser el autor intelectual del asesinato del político priísta José Francisco Ruiz Massieu.

Conocí a Zedillo durante la Cumbre de las Américas, en diciembre de 1994, tan sólo unos días después de que tomó posesión como presidente. Lo sentí con los pies en la tierra, casi humilde; el poder todavía no se le había subido a la cabeza y aún no había cometido un costosísimo error que devaluó el peso mexicano y provocó, junto con los desbalances financieros que dejó Salinas, una de las peores crisis económicas en la historia moderna de México.

Zedillo estaba tranquilo, relajado, en el *penthouse* de un hotel del *downtown* miamense con vista al mar. Hablamos brevemente sobre la defensa que el gobierno mexicano estaba desarrollando para proteger a los indocumentados en Estados Unidos.

"¿Cree usted que eso es meterse en los asuntos internos de Estados Unidos?", le pregunté. "Por supuesto que no", contestó el presidente. "Donde haya un mexicano, tenemos que defender sus derechos".

La siguiente vez que lo vi, casi dos años después, Zedillo había cambiado. La prensa y la oposición lo criticaban abiertamente por ser un presidente débil. Pero él se sentía poderoso. Había un océano entre su autopercepción como presidente y lo que decían las encuestas de opinión.

La sencillez de los primeros días de su gobierno ya no existía. El fantasma de Los Pinos se había apoderado de él; me pareció que se sentía indispensable. Pedía, exigía, un respeto absoluto a su investidura, como si nadie tuviera el derecho a cuestionar sus acciones y declaraciones, como si México no estuviera destruyendo viejos esquemas para alcanzar la democracia.

¿Soberbia? ¿Arrogancia? Quizás. Zedillo estaba duro, formal. El papel de presidente lo dominaba todo; la persona se había desintegrado.

"¿Cómo está mi *tacuche*?", preguntó el presidente. Quería asegurarse de que su traje cruzado, azul marino, no estuviera arrugado durante la entrevista. "Bien señor", le contestó tímidamente uno de los cuatro camarógrafos que nos acompañaban en el salón Vicente Guerrero de Los Pinos, el 29 de octubre de 1996.

Poco después del mediodía el presidente acababa de llegar de un acto donde se celebró el día del médico. Venía de buen humor y con un poco de maquillaje para no verse brilloso frente a las luces y cámaras. Nos saludó a María Elena Salinas y a mí casi con afecto, y mientras le ponían el micrófono en su corbata nos contó cómo el fin de semana había llevado a sus hijos a montar bicicleta al Desierto de los Leones.

Hubiéramos querido tener nuestras propias cámaras de televisión (de Univision) durante la entrevista, pero no nos lo permitieron. Desde la época del ex presidente Carlos Salinas de Gortari, la oficina de Comunicación Social de la Presidencia le pedía a la agencia oficial Cepropie que grabara todas las entrevistas presidenciales.

"Es para cuidar la imagen de Zedillo", nos dijeron a manera de explicación. En ningún otro país nos habían impuesto esa condición; fue la única que tuvimos para la entrevista.

No nos pidieron las preguntas por adelantado; sabían perfectamente que jamás se las daríamos. Ante una exigencia así es preferible no realizar la entrevista. Nunca lo hemos hecho con ningún presidente y no había razón para violar esa regla ética del periodismo con Zedillo.

Estaba todo listo. Sus asesores salieron del salón perfectamente iluminado. Me dijeron que eso era frecuente; a Zedillo le gusta estar solo y en control, sin que nadie lo distraiga.

El presidente se echó para atrás en la silla y nos dijo en inglés: "*Fire*" (disparen). "Cinco, cuatro, tres, dos…", gritó uno de los técnicos. "Grabando".

Para comenzar me pareció apropiado recordarle a Zedillo que durante su campaña presidencial él quería que le dijeran "la neta" y le comenté que esperábamos que ese espíritu de decir la verdad prevaleciera durante la entrevista. "Por supuesto", contestó. Los primeros minutos los dedicamos María Elena y yo a preguntarle sobre las guerrillas del Ejército Zapatista de Liberación Nacional (EZLN) y del Ejército Popular Revolucionario (EPR). No quiso comprometerse a una reunión con el subcomandante Marcos, tuvo especial cuidado en no llamar guerrilleros a los zapatistas e insistió en clasificar como terroristas a los del EPR. Saltamos a la economía.

Le comenté que había leído en una revista que antes de ser presidente él se hacía su propio desayuno, y luego le pregunté si sabía el precio del kilo de tortilla, del litro de leche, de la gasolina. No me contestó.

"Mire, lo que estoy es en contacto con la gente", me dijo un poco cansado con la dirección que empezaba a tomar la entrevista. Pero nunca me dio los precios de la tortilla, de la leche ni de la gasolina.

Hasta ahí las cosas todavía fluían. Zedillo aún sonreía. No se percibía mucha tensión. Pero luego tocamos el tema de Carlos Salinas de Gortari. El 1º de diciembre de 1994 Zedillo había dicho que el saliente presidente Salinas "tendrá siempre la gratitud y el aprecio de México, pues gobernó con visión, inteligencia y patriotismo". Sin embargo, durante la entrevista, Zedillo buscó distanciarse de Salinas e incluso llegó a decir que nunca fueron amigos.

¿Usted sabe dónde está Carlos Salinas de Gortari?

No, no sé [se ríe]. He leído en los medios que tiene su residencia en Irlanda.

¿Usted ha mantenido una relación telefónica con él?

Ninguna clase de relación.

¿Usted se acuerda de cuándo fue la última vez que habló con él?

El 1° de diciembre de 1994.

Porque tenemos información de que en marzo de 1995 usted se reunió con él...

[Interrumpe] Es absolutamente falso.

¿No hubo una reunión?

Quien escribió eso está mintiendo.

¿No hubo ninguna reunión en marzo?

Ninguna reunión. Es absolutamente falso.

De acuerdo con un periodista hubo un acuerdo...

No sé qué haya dicho el periodista. Sé que alguien ha reportado eso. Es absolutamente falso.

Déjeme preguntarle algo, entonces: ¿ha habido algún tipo de acuerdo entre usted y Carlos Salinas de Gortari para que él se mantenga en silencio y que su gobierno no lo persiga?

No ha habido ningún acuerdo con el licenciado Salinas, ni con ningún ex presidente de México en ninguna materia.

¿Absolutamente?

Absolutamente.

Andrés Oppenheimer, el periodista que escribió el libro *México al borde del caos*, insistía, basado en sus fuentes, que la reunión de marzo de 1995 entre Carlos Salinas de Gortari y Ernesto Zedillo efectivamente se realizó en una casa de Tecamachalco, en la ciudad de México. Y a mí, más tarde, el propio Salinas de Gortari me confirmó que la reunión con Zedillo sí se había llevado a cabo. Nunca entendí por qué Zedillo mintió.

Como quiera que sea, los presidentes en México no estaban acostumbrados a que les exigieran una explicación por sus declaraciones y acciones. Y Zedillo no era la excepción. Yo quería creer que en 1996 ya no había temas tabú en México. Pero me equivoqué. Al hablar sobre el "dedazo", Zedillo me sorprendió cuando ni siquiera quiso reconocer lo obvio. Al decir que "el presidente de México no escoge a su sucesor" y que su influencia "no es determinante" en la selección del candidato del PRI a la presidencia, Zedillo no nos habló con "la neta".

La tradición en México, y no es ningún secreto, es que el presidente en turno escoja a su sucesor, en lo que los mexicanos conocen como el dedazo. Y muchos mexicanos piensan que usted no hubiera podido obtener esa candidatura del PRI sin Salinas de Gortari. ¿Usted le debe esa candidatura a Salinas de Gortari?

Mire, en primer lugar quiero corregir algo que usted dijo. El presidente de México no escoge a su sucesor. Lo que dice la tradición oral, política de México, es que el presidente en turno tiene una enorme influencia, aunque no determinante en el candidato...

¿No es determinante?

... en el candidato que escoge el Partido Revolucionario Institucional.

Yo estuve aquí. No hubo ningún congreso. Incluso, el ex presidente Salinas de Gortari, en una carta pública, habló claramente de cómo defendió su candidatura frente a presiones de otros políticos, incluyendo al ex presidente Luis Echeverría. Y recuerdo haber hablado con Santiago Oñate, el presidente del PRI, el 26 de febrero [de 1996] en Washington, y me dijo textualmente: "El candidato presidencial se escoge con intervención directa del presidente". Lo que queremos establecer, y usted nos prometió hablar con la verdad, es que los mexicanos sepan cómo lo escogieron a usted.

No. Pero usted mejor vaya y pregúntele al PRI. Verdad. A mí se me informó de mi partido que yo sería el candidato. Asumí la responsabilidad. Entré a una campaña política en condiciones, pues, particularmente difíciles por el momento en que estaba viviendo el país. Y el hecho claro, contundente, y del cual sí le puedo dar todas las explicaciones, aun las anécdotas, fue de cómo logramos ganar el voto de más de 17 millones de mexicanos en unas elecciones en las que, además, se tuvo una participación altísima.

No sabía por qué Zedillo insistía en ocultar cómo Salinas lo escogió. ¿A quién engañamos? Después de ese intercambio, Zedillo estaba molesto y ya no me quedaban esperanzas de una respuesta clara sobre la posibilidad de que testificara en el caso Colosio.

Quiero hablarle del caso de Luis Donaldo Colosio, asesinado el 23 de marzo de 1994 en Lomas Taurinas, Tijuana. Su amigo. ¿Cree usted que una investigación seria deba incluir su testimonio? ¿Usted estaría dispuesto a testificar?

Mire, si yo tuviera cualquier elemento que aportar para resolver éste o cualquier otro caso, naturalmente mi responsabilidad sería ofrecerlo. De hecho, cada vez que alguna información me llega inmediatamente se la transmito al procurador general de la República. Mataron a uno de mis mejores amigos. Mataron a mi candidato a la Presidencia de la República. Mataron a alguien que iba a ser un gran presidente de México. Entonces estoy junto con la familia de Luis Donaldo Colosio entre los primeros interesados en que se conozca la verdad y se haga justicia.

En la carta que usted le escribió a Colosio el 19 de marzo de 1994, donde le decía que había tensiones con el presidente Salinas de Gortari, muchos creen que hay una línea de investigación. ¿No cree que ahí haya una línea de investigación en el caso de Colosio?

No me corresponde a mí. Pero me parece que es una deducción muy cuestionable.

Pero usted escribió la carta, ¿no?

Es claramente la carta de un estratega de campaña que le está diciendo a su candidato todos los aspectos que hay que tomar en cuenta, y siempre en el peor de los escenarios.

ᴓPosdata con espalda

Tras tocar los temas de Salinas y Colosio, el presidente Zedillo ya estaba hermético. No llegué a ningún lado al preguntarle su posición sobre las supuestas apariciones de la Virgen de Guadalupe. Bueno, ni siquiera me quiso decir si era católico.

Habíamos quedado en hablar entre 30 y 40 minutos. Finalmente fueron 55 minutos y ocho segundos. Tengo que reconocer que el presidente nunca consultó su reloj ni amenazó con levantarse a la mitad de una pregunta. Quizás nuestras preguntas fueron más directas y menos reverenciales que en otras entrevistas. Pero para eso son las entrevistas; para conseguir información, no para congraciarse con el presidente.

Quisimos usar un lenguaje directo, sin ambigüedades, que todos entendieran, pero Zedillo se resistió a nuestra propuesta.

Cuando terminó la entrevista, el presidente había perdido el buen semblante con que llegó. Ya no nos miraba a los ojos. Un técnico le trató de quitar el micrófono de la corbata pero él no lo dejó. "Es de las corbatas nuevas", le dijo. Y con mucha delicadeza apartó el micrófono de la fina seda de rombos azules, blancos y negros.

Se despidió de nosotros de mano pero fue muy parco. No comentó nada más. Y luego salió del salón, con pasos anchos, como de prisa. Ya no pude estudiar su cara. Sólo alcancé a verle la espalda antes de que cerrara la puerta.

La entrevista generó muchas reacciones en la prensa mexicana. Los zedillistas nos pretendieron dibujar a María Elena y a mí como irrespetuosos inquisidores. Nos acusaron de tener una "óptica gringa". Sin embargo, yo me sentía ya como parte de una naciente generación de periodistas mexicanos con el derecho y la obligación de preguntarle al presidente y a los gobernantes de nuestro país sobre los temas que más nos preocupan a todos.

No más tabúes. No más preguntas prohibidas. No más deferencias con el señor presidente.

Cuando los gobernantes no dan respuestas, hay que arrancárselas, a preguntas.

"México cambió el 2 de julio del 2000."

Cortesía: Univision

VICENTE FOX
"¡No nos falles!"

"¡No nos falles!", le gritaban miles de personas reunidas en el monumento del Ángel de la Independencia. Vicente Fox, el candidato presidencial del Partido Acción Nacional, acababa de hacer historia. Había logrado lo imposible: un México sin el PRI en la presidencia.

Era el momento de la fiesta. Como decía Octavio Paz en su *Laberinto de la soledad*, la fiesta es el rompimiento de nuestra cotidianidad. Y el día a día en México desde 1929 hasta ese 2 de julio de 2000 era el PRI.

"Es significativo que un país tan triste como el nuestro —escribió Paz— tenga tantas y tan alegres fiestas." Esa noche era para celebrar, para romper con el pasado.

Cuando el presidente Ernesto Zedillo reconoció el triunfo de la oposición, yo estaba en el Zócalo. Lo recuerdo perfectamente. El himno nacional me sonó como nuevo. Casi lloré. Había nacido y crecido con el PRI en la presidencia, y a mis 22 años pensaba que me moriría con otro priísta de presidente.

Celebré la derrota priísta jugando futbol con amigos en el Zócalo ante la mirada atónita de policías que no sabían si impedírnoslo o unirse al partido. Luego la celebración se trasladó al Paseo de la Reforma, donde estaba el candidato ganador.

"¡No nos falles! ¡No nos falles!", le gritaban a Fox. Y él, sin micrófono y agitando los brazos, aseguraba: "No les voy a fallar".

Vicente Fox, nos guste o no, es uno de los personajes que cambió la historia de México. Es cierto que millones de mexicanos hicieron posible la historia con su voto y que muchos más lucharon incansablemente para terminar con los gobiernos del partido único. Pero el protagonista de ese cambio fue Fox.

He hablado con él en varias ocasiones. Pero aquí les presento tres de mis entrevistas con Fox: antes, durante y después de su presidencia. El retrato que aparece en estas conversaciones es el de un personaje complejo, difícil de estereotipar, muy alejado de la caricatura que se formó de él durante los meses finales de su mandato.

La primera entrevista ocurrió unas horas después de su histórico triunfo de 2000. Varias veces lo habían dado por muerto. Políticamente, claro. Cuando comenzó a hacer su campaña dos años antes de las elecciones presidenciales, sus opositores dijeron: "La gente se va a cansar". Pero se equivocaron.

Quien no lo conocía, supo que había un tipo llamado Vicente Fox y que quería ser presidente ganándole al PRI. "¡Está loco! ¡Eso es imposible!", decían los cínicos.

Cuando soltaba groserías en público, sus enemigos decían: "Eso no es presidenciable". Pero se equivocaron, los mexicanos se dieron cuenta de que Vicente Fox hablaba igual que ellos y que no utilizaba palabras domingueras como "coadyuvar" y "corresponsabilidad".

En un mal llamado martes negro —mientras se discutía la fecha de un debate presidencial— él dijo: "Hoy, hoy, hoy", mientras sus contrincantes, Francisco Labastida del PRI y Cuauhtémoc Cárdenas del PRD, lo acusaron de terco e intransigente y propusieron que el encuentro se realizara, no "hoy", sino pasado mañana. Pero también se equivocaron.

Los mexicanos estaban hartos de esperar y Fox transformó el "hoy, hoy, hoy" en un grito de guerra.

Este ranchero con botas, de 58 años, apellido irlandés, de madre española, separado y con cuatro hijos adoptivos, ex presidente de Coca-Cola, educado en Harvard y ex gobernador de Guanajuato, retó al sistema que había prevalecido en México durante 71 años y le ganó.

¿Cómo lo hizo? Bueno, por principio se burló de todos aquellos que representaban ese círculo vicioso. Así, al faltarle el respeto al presidente, al candidato oficial y al partido hegemónico le demostró a los mexicanos que los priístas no eran invencibles, sino de carne y hueso... y carentes de humor.

Y luego de criticar a los priístas le explicó a los mexicanos, en un maratón interminable de entrevistas y presentaciones en los medios de comunicación, qué es lo que pensaba hacer con México si llegaba a la presidencia. A la gente le gustó el estilo y el desplante: 16 millones de mexicanos votaron por él.

Lo conocí en 1997. Había pedido una cita con él y me la concedió sin saber bien a bien quién era. Nos vimos en un hotel de Irapuato, sin prisas, y discutimos lo que entonces todavía parecía un imposible: cómo tumbar al PRI de la presidencia. Pocos meses más tarde, no me sorprendió para nada al enterarme de que había iniciado su campaña presidencial.

Lo volví a ver la mañana del lunes 3 de julio de 2000, horas después de su histórico triunfo. Las encuestas mintieron. Fox humilló a sus contrincantes en las urnas. Y los mexicanos supieron, por primera vez, que su voto sí contaba.

Fue fácil encontrarlo en uno de los salones del hotel Fiesta Americana de la ciudad de México. Le saca casi toda la cabeza a la mayoría de sus colaboradores. Su voz ronca, bigote negro y ojeras de comunicador incansable se convirtieron en una parte fundamental del nuevo México que nacía.

Esta entrevista estuvo lejos de ser una exclusiva. Decenas de periodistas de todo el mundo lo esperaban en el mismo salón; todos aseguraban tener una cita y entiendo que nadie se fue de ahí desilusionado. Les cumplió a todos.

Llegó con una Coca-Cola en la mano, pero escondió la lata roja detrás de la silla para que no se viera en las fotos.

Vestía traje azul, camisa blanca y corbata oscura. Al sentarse descubrió sus botas negras y picudas con su nombre bordado: Vicente Fox.

Y luego, aislándose de la batalla periodística que nos rodeaba, me miró fijo a los ojos y dijo: "Listo".

LA VICTORIA

¿Ganó el PAN o perdió el PRI?

Pues me parece que ganó México. Lo primero. Hubo una competencia fuerte, a veces áspera, ruda, en el proceso electoral. Pero al final ganamos los mexicanos y ganó la democracia; 71 años llevábamos con el mismo gobierno. De hecho, es la primera vez en la historia de este país donde se transfiere el poder de un partido político a otro. Nunca había sucedido. Así es que, cada minuto y cada día, estamos haciendo historia, y estamos caminando senderos prístinos que nunca antes habíamos pisado.

¿Fue un rechazo hacia el PRI?

Sí, sí, de manera importante. Yo diría que quizás hasta la mitad de los votos bien pudieran haber sido por esa causa. Hay un hartazgo. Pero por el otro lado también hubo propuesta, que interesó mucho a los ciudadanos. Nuestra propuesta, sobre todo, de ser un gobierno incluyente, un gobierno de transición, un gobierno plural. Fuimos el único

que planteó esto. Y me parece que fue uno de los puntos
importantes de nuestro triunfo.

*El líder panista Manuel Clouthier decía, antes de morir, que
"la cochi no suelta la mazorca aunque le den palos". Ahora
ya soltó la mazorca.*

Así es. Es sorprendente cómo se dio este proceso de transición. Por un lado, con un pueblo de México volcado en
una revolución de esperanza, en un gigantesco movimiento
cívico, popular, de millones y millones que despertamos en
estos últimos años.

Segundo, un Instituto Federal Electoral que hizo una
gran tarea, muy profesional. En el día de ayer prácticamente
no hubo quejas ni irregularidades. El proceso se dio a la al-
tura de lo que esperábamos. Y tercero, tengo que reconocerlo, la propia voluntad del presidente Zedillo de dejar que la
transición se dé sin ponerle interferencias ni obstáculos. Reconozco a mis competidores, a Francisco Labastida y Cuauhtémoc Cárdenas, que finalmente reconocen el triunfo. Para
ellos mi reconocimiento. A pesar de que hayamos tenido
grandes debates, hoy podemos trabajar juntos por México.

*En su campaña usted ha acusado a muchos priístas de co-
rruptos, de malos manejos. Muchos esperan que usted haga
justicia. ¿Su gobierno va a ser vengativo, castigador?*

No, de ninguna manera. Pero sí hay esa clase de priísmo, sí
que la hay. Y es importante establecer la verdad del pasado

para poder construir el futuro. Es importante que haya justicia en un país para que pueda vivirse el Estado de derecho. En este sentido vamos a trabajar sobre el pasado pero no distrayendo la atención del futuro.

Vamos a crear la Comisión de Transparencia para que averigüe sobre el pasado, integrada por ciudadanos de alta calidad moral y trabajando junto con el Poder Judicial y con la Procuraduría de Justicia del país. Y así avanzar sin detener el gobierno.

Pero, por ejemplo, un político como el ex presidente Carlos Salinas de Gortari, ¿debería tener miedo de venir a México? ¿Podría acabar en la cárcel?

Bueno, lo que pasa es que no hay ninguna denuncia en particular presentada en contra de él. Ciertamente la hay contra su familia, particularmente de Raul, el famoso hermano incómodo. Sin embargo es vox pópuli ese señalamiento de todo el pueblo sobre muchos errores cometidos por Carlos Salinas y, también, muchas posibles corrupciones. Lo primero que habría que hacer es conocer a fondo el sexenio, hacer las averiguaciones pertinentes y presentar en el ministerio publico las denuncias. Esto es parte de la tarea que hará esa Comisión Nacional de Transparencia.

Esta transición, por supuesto, es muy difícil; pasar de un gobierno priísta a un gobierno de la oposición. Usted ha pisado muchos callos y está amenazando muchos intereses. ¿Tiene miedo de un atentado contra su vida?

Pues la verdad es que no me da tiempo para eso. Duermo poco, trabajo mucho. Participo mucho con ustedes, con los medios de comunicación. No hay tiempo para pensar en temor. Yo creo que cuando se lucha por una causa noble, como es en este caso por México, yo no tengo temor. No creo que vaya a haber tal atentado.

Pero su equipo de seguridad ya cambió...

Estamos reforzando, sí, algo, la seguridad. De cualquier manera es una seguridad propia. El día 1° de diciembre pasaré a manos del Estado Mayor Presidencial y creo que habrá suficiente garantía de seguridad.

Usted culpó al presidente Zedillo de que millones de mexicanos se iban a Estados Unidos a trabajar porque aquí no encuentran empleo. ¿Qué va a hacer usted para que estos mexicanos no se sigan yendo?

No es consecuencia de un solo gobierno. En realidad la economía no crece desde hace 25 años. Seguimos con el mismo ingreso per cápita desde entonces. Como decíamos, aquí la cobija se ha ido haciendo chiquita. El pueblo va creciendo y hoy no alcanza para cubrir a todo mundo. Lo que necesitamos es hacer crecer la economía. Es un reto enorme. Es audaz lo que hemos propuesto: crecer a un siete por ciento anual. Si logramos crecimiento al siete por ciento, el asunto está resuelto: sí da para crear un millón 350 mil empleos.

¿No es muy optimista siete por ciento?

Es optimista. Lo han hecho muchos países y lo vamos a hacer porque todo el mundo está en un *boom* de crecimiento. La propia economía americana llegó a crecimientos por encima de siete por ciento en un trimestre. El impacto del comercio también está dando una gran sinergia al crecimiento. Y finalmente la economía del conocimiento; esta nueva economía ya no está fincada en las fábricas sino en el conocimiento, en la tecnología. Estas corrientes de crecimiento es el último tren que está disponible para que los mexicanos nos subamos. Y créanmelo: nos vamos a subir a ese tren de éxito.

Quienes no se han podido subir a ese tren son cerca de seis millones de mexicanos indocumentados en Estados Unidos. Muchos mueren. Otros se ahogan en el río. Otros son golpeados, perseguidos.

¿Qué puede hacer usted por los mexicanos del otro lado de la frontera, realmente?

Primero, velar por sus derechos; asegurarnos de proteger los derechos humanos de cada uno de los inmigrantes legales o ilegales. Se tienen que respetar sus derechos. No vamos a aceptar esta cacería de indocumentados ahí en Arizona. Es increíble que esto todavía suceda en el siglo XXI.

Y segundo, vamos a trabajar juntos con los migrantes para hacer inversiones allá y acá. Ya muchos han logrado una buena posición allá. De hecho generan un producto interno bruto más grande que el que generamos los 100 millones de mexicanos acá. Hay que buscar esta asociación a través de consulados, de clubes, de casas de los distintos estados de la República Mexicana.

Usted dijo que ya no iba a decir groserías pero todavía ayer se le fue una.

Híjole, todavía se me suelta una que otra por ahí. Pero bueno, ahí me disculpan si se me va alguna.

¿Quién va a ejercer de primera dama?

No, por lo pronto no hay tal. Esas decisiones personales las tomaré cuando se presenten.

¿Su hija mayor?

Mi hija, no. Ella tiene su propio proyecto. Ella está estudiando leyes.

¿No se va a quitar las botas?

Nunca, ni en la tumba. Ahí voy a estar con las botitas afuera.

En Naciones Unidas y la pregunta del Prozac

Vicente Fox llevaba ya casi tres años en la presidencia y el cambio no llegaba. México no estaba creciendo siete por ciento. México no estaba creando más de un millón de empleos al año, y por lo tanto aumentaba vertiginosamente el número de indocumentados mexicanos en Estados Unidos. A pesar de su infatigable campaña por una legalización de indocumentados —"la enchilada completa", solía decir el entonces canciller Jorge Castañeda—, los actos terroristas del 11 de septiembre de 2001 destruyeron cualquier intento de una reforma migratoria integral.

Fox tampoco había creado la Comisión de Transparencia, como me había dicho en la entrevista anterior, y los priístas corruptos que se habían robado millones del tesoro nacional seguían impunemente sin denuncias, sin juicios y sin cárcel. El consenso era ya que Fox había sido mucho mejor candidato que presidente.

Sus dichos y su espontaneidad, que tan bien le habían ayudado para ganar la presidencia, estaban gastados. Ya no causaban asombro. Al contrario, eran motivo de burla y hasta vergüenza ajena. ¿Acaso no se puede quitar las botas para ver a la reina de Inglaterra? ¿De verdad tenían que comprar unas toallas tan caras para la residencia oficial de Los Pinos? ¿Por qué su jefa de comunicaciones, y luego su esposa, Marta Sahagún, se tenía que meter tanto en los asuntos de Estado?

México seguía siendo un lugar donde un pequeñísimo grupo de privilegiados dominaba a la amplia mayoría. ¿Cuál cambio?, se preguntaban muchos. Es cierto, otro partido político estaba en el poder y la democracia, por fin, se había consolidado. Pero uno no come democracia. Salvo el nuevo inquilino en Los Pinos, el resto seguía igual. Ésa era la percepción más generalizada. Las promesas de campaña se habían evaporado.

Fox, el revolucionario, el visionario, el hombre del cambio, se había convertido en un presidente casi igual a los que le precedieron. Casi.

En honor a la verdad, donde sí se notaba un cambio era en la actitud de Fox con la prensa. Se había acabado totalmente la censura oficial que caracterizó al PRIato. Todo se podía decir. Ya no había "línea" de Los Pinos para las televisoras, las radiodifusoras y los periódicos. Esa absoluta libertad de expresión sí era un triunfo tangible, medible, del gobierno de Fox.

Pero, en un momento dado, esa completa libertad de prensa se cruzó con un presidente aletargado, cansado en público, hasta aburrido, harto de las ceremonias y rutinas que enropan al que gobierna. Y comenzaron los rumores y la publicación de los rumores.

Algo no cuadraba con el presidente. Era muy distinto al enérgico y alegre candidato a la presidencia. ¿Qué le pasaba? ¿Estaba enfermo? Varias publicaciones se aventuraron a decir que tomaba antidepresivos. Pero no había ni una sola prueba de ello.

A mí me llegó la misma información que a otros periodistas. Sin embargo, no estaba confirmada, y así no se valía hacerla pública. Había que preguntarle directamente al presidente.

El presidente Vicente Fox tenía un viaje para hablar ante la Organización de las Naciones Unidas el 25 de septiembre de 2003 y solicité una entrevista con él. Como siempre, sin grandes obstáculos, me fue concedida. Fox, contrario a los presidentes priístas, era sumamente accesible con la prensa.

Durante esos días se debatía abiertamente en Estados Unidos la salud del vicepresidente Dick Cheney. Había sido operado en varias ocasiones del corazón y muchos norteamericanos cuestionaban su capacidad física para reemplazar al presidente George W. Bush en caso necesario. Es decir, la salud de Cheney era un asunto público.

Y con esa premisa, le hice a Fox las siguientes preguntas en Nueva York:

Aquí en Estados Unidos hubo un gran debate sobre el problema cardiaco del vicepresidente Dick Cheney. Los norteamericanos creían que era legítimo el preguntar sobre su salud. Ahora, le pregunto si es legítimo, si los mexicanos tienen derecho de preguntarle a usted si toma antidepresivos. ¿Es legítimo?

De derecho, sí. Tú también tienes derecho. Pregúntame.

¿Toma usted Prozac?

No.

¿Por qué se ha convertido esto en un tema en México?

Perdón. No sé de dónde recoges tu información, francamente.

He escuchado varios informes, por eso le quería preguntar directamente.

No, no sé dónde lo has escuchado. Pero ya me lo preguntaste y ya te lo contesté. No.

¿Usted cree que los periodistas nos estamos metiendo demasiado en la vida privada, tanto de usted como de Marta Sahagún?

Para nada. Tú tienes la libertad absoluta de preguntar. Yo, la libertad absoluta de responder. La libertad de expresión en México, hoy, es uno de los grandes logros de nuestra democracia.

* * *

La entrevista, como se imaginarán, no acabó muy bien. Uno de los asesores de prensa de Fox —más papista que el Papa— decidió terminar la conversación antes del tiempo que nos habían asignado. Claramente no le había gustado la pregunta sobre el Prozac y Fox tampoco estaba tan contento. Pero había aguantado todas las preguntas sin levantarse de su asiento.

Después de esa entrevista, nunca más me permitieron hablar con el presidente Fox. Pero mi posición al respecto es muy clara. Si un asunto privado, como la salud de un presidente o vicepresidente, afecta la vida pública de un país, tenemos el derecho a preguntar. Me costó trabajo pero por eso le hice la pregunta sobre el Prozac y los antidepresivos.

Aclaremos esto un poco más. Como periodista no tengo el derecho a meterme en la vida privada de ningún político. Ninguno. Pueden hacer de su vida un papalote. Al igual que tú y al igual que yo. Pero si un asunto de su vida privada afecta sus decisiones públicas, ahí sí nos podemos meter.

Por ejemplo, se vale preguntarle a un candidato o político sus posiciones respecto al aborto y la homosexualidad. Lo que él o ella enseña dentro de su casa sobre estos dos temas puede tener enormes consecuencias sociales, si se encuentran en una posición de poder. En cambio, no tengo ningún derecho a preguntarles con quién salen o que me hablen sobre sus sentimientos hacia una persona en particular. Ése es un asunto estrictamente privado.

En política no hay pregunta prohibida. No hay pregunta tonta. Y cuando surge la oportunidad, hay que hacerla, aunque sea la última vez.

EL EX PRESIDENTE

Ya no esperaba hablar otra vez con Fox. Ernesto Zedillo sólo me dio una entrevista compartida y nunca más volvimos a hablar. Hugo Chávez me concedió tres entrevistas, pero luego de que lo confronté la última vez ni siquiera contesta mis solicitudes para una más. Pensé que lo mismo ocurriría con Fox. Pero me equivoqué.

Respecto a Fox hay dos teorías: una, que no puede resistirse a hablar si hay una cámara frente a él; la otra, que de verdad tiene una vocación democrática y abierta frente a la prensa. Como quiera que sea, cuando supe que visitaría la ciudad de Miami le pregunté a uno de sus familiares, que manejaba la agenda del ex presidente, si podría hablar con él y, para mi sorpresa, dijo que sí. Eso fue el 4 de mayo de 2008.

La tradición en México es que los ex presidentes casi nunca hablan en público. Usted ha decidido hablar. ¿Por qué?

Bueno, porque México cambió el 2 de julio del año 2000. Fue muy importante en México: pasamos de un régimen autoritario a un régimen democrático. Y las consecuencias son, precisamente, éstas.

Efectivamente, los presidentes anteriores, porque habían sido corruptos, huyeron. O porque los presionaba el siguiente presidente, se callaron. O porque no tenían nada que decir. Yo he querido ser íntegro y seguir los valores que aprendí desde muy pequeño. Además, he visto que ya lo están haciendo muchos [ex presidentes] en Latinoamérica.

Y ya que está hablando, quiero preguntarle sobre un tema que le preocupa mucho a los mexicanos: el petróleo. El presidente Felipe Calderón ha propuesto que compañías privadas y extranjeras participen en la exploración, distribución y almacenamiento del petróleo mexicano. ¿Está usted a favor de esta propuesta?

Estoy a favor del debate y estoy ciertamente convencido de que ésa es la solución. Primero el debate. Hablemos las cosas, pongamos los datos sobre la mesa, discutamos, no con violencia en las calles. Número dos, claro que estoy de acuerdo porque el presupuesto es limitado y tú tienes una cantidad: la asignas a educación, a salud, a hospitales, a carreteras, a infraestructura, o la asignas a invertir para continuar extrayendo el mucho petróleo que tiene México. Es la única solución porque no hay otra fuente de recursos para hacer eso. Eso es muy diferente a perder la soberanía.

Sobre el petróleo, el congresista Graco Ramírez del PRD, *quien es opositor...*

Buen amigo y buen oponente.

Pues después de lo que le voy a decir yo creo que no lo va a buscar más. Él dijo que usted "tuvo seis años consecutivos con los ingresos más altos en la historia de Pemex y no construyó ni una refinería, endeudó más a Pemex y lo colocó en el abismo que se encuentra ahora".

Bueno, es la opinión del Graco que, por cierto, saludos. Pero, Graco, andas muy mariachi, totalmente fuera de la realidad.

Ése es el tema, ¿con qué construyes una refinería? El ingreso fiscal entra al presupuesto y tú, de esa bolsa, puedes meter a educación, a infraestructura, a salud o a petróleo. Yo no tengo ningún titubeo en esto. Jamás de los jamases cambiaría estar invirtiendo para sacar un barril más de petróleo que estar invirtiendo para tener a un joven mexicano con título universitario. Eso vale más que un barril de petróleo.

Cuando usted fue presidente, las relaciones con la dictadura cubana se tensaron muchísimo. Pero el presidente Felipe Calderón ha decidido un camino totalmente distinto y busca normalizar las relaciones con Cuba. ¿Está cayendo en un error?

A ver, ¿por qué sucedieron las cosas de esa manera? Cuando se trata de los valores superiores de la democracia, de la libertad, de elecciones libres, de no a los presos políticos, de respeto a los derechos humanos, ahí es donde yo me distancié de Fidel.

Así como estoy platicando contigo, así platiqué con Fidel: "¿Fidel, por qué no avanzamos y resolvemos el tema de los presos políticos, el tema de los derechos humanos?" Le pedí autorización para mandar mexicanos, no de la ONU, a las cárceles cubanas. Le dije a Fidel: "¿Quieres mi voto en las Naciones Unidas? Lo tienes, pero muéstrame que se respetan los derechos humanos". No lo hizo.

Entonces, ¿se está equivocando Calderón [con el acercamiento a Cuba]?

Bueno, Calderón es Calderón. Es el presidente de México hoy. Él decidirá qué quiere hacer. En cuanto a mí, por encima de todo están esos valores: democracia, libertad, respeto a los derechos humanos.

Yo tomé mis decisiones como presidente, ahora el presidente Calderón hará las suyas. Por cierto, para mí es un gran presidente y está haciendo una gran tarea. Va a llevar a

México a un nuevo nivel de desarrollo. Yo creo que va a ser el mejor presidente que ha tenido México.

Bueno, eso lo dice usted. Sobre otro tema, hay una comisión en el Congreso que investiga si usted, como presidente, se enriqueció ilícitamente. Quieren saber si la remodelación de su rancho la hizo con dinero suyo. [Quieren saber también] si los hijos de su esposa se enriquecieron ilícitamente. ¿Le preocupa esta investigación?

De ninguna manera. Y este caminito que ha agarrado el Congreso de formar comisiones para investigarlo todo me parece que es pérdida de tiempo. Para eso existen las autoridades, para eso hay un ministerio público. Son asuntos partidistas.

Hace unos días tuve la oportunidad de hablar con Andrés Manuel López Obrador y él me aseguró que durante las elecciones de 2006 hubo fraude. Y que en ese fraude usted y su gobierno estuvieron involucrados.

Cada vez lo cree menos gente, sigue insistiendo en lo mismo...

Pero ¿hubo fraude?

No, de ninguna manera.

Hay muchos mexicanos que coinciden con él.

Puedo reiterar por enésima ocasión que jamás toqué un recurso público para apoyar campaña alguna de ningún partido...

Pero apoyó a Calderón.

Espiritualmente, desde luego. Como compañero de partido. Desde luego, con el latir de mi corazón y mi deseo ferviente de que él ganara. ¿Imagínate México en manos de López Obrador? ¡Caray! Ha demostrado que no tiene las ideas que un país como México requiere.

¿Usted está convencido de que no hubo fraude?

Por supuesto que no, claro que no hubo fraude. Lo que demostró el señor López Obrador es que no trae madera democrática, que es sólo él y todos los demás no cuentan.

¿Qué es lo más difícil de ser ex presidente?

Nada, francamente. Hay vida después de la presidencia. Es divertido, es retador. Igual que la presidencia: fue un trabajo muy serio, de mucho honor para mí. Di lo mejor de mí mismo.

¿Cree que fue mejor candidato que presidente? ¿Cambió más a México como candidato que como presidente?

Mira, tiene su mérito haber encabezado este gran movimiento social para sacar al PRI de Los Pinos y llevar a México a la democracia. Yo creo que eso tiene su mérito.

❧Posdata de reconciliación

Antes de despedirme, le agradecí a Fox que me hubiera dado otra entrevista. Le dije que yo sabía que nuestro encuentro anterior había sido muy tenso por la pregunta del Prozac y que sinceramente había dudado mucho antes de hacerla. Quería saber si desde su punto de vista me había pasado con esa pregunta.

Pero no me dijo nada. No quiso revivir una vieja pelea. Sólo me hizo saber que yo estaba haciendo mi trabajo y él el suyo. Fox volvió a aguantar todo.

"Muchas gracias por hablar conmigo", le dije de salida. "Al revés —contestó—, gracias a ti."

Y le creí.

"Soy un pecador estándar."

Cortesía: Univision

Felipe Calderón
El presidente antes de ser presidente

Falta Felipe Calderón.

Aquí aparecen los presidenciables y los ex presidentes. Pero este libro no podía estar completo sin incluir al actual presidente Felipe Calderón. Es, finalmente, lo que une a unos y otros. Y aquí está la entrevista en un momento clave de su carrera política.

* * *

Casi todos los mexicanos tienen una imagen muy clara del presidente Felipe Calderón. Para bien y para mal. Es imposible quedarse sin reaccionar ante los más de 34 mil muertos durante sus primeros cuatro años de gobierno.

Cada muerto es un fracaso.

Calderón es, para muchos, sinónimo de la lucha contra los narcotraficantes. Para otros, sin embargo, es sinónimo de violencia y de inseguridad.

Los cables de Wikileaks que aparecieron a finales de 2010 crearon enormes tensiones entre México y Estados Unidos. Se reveló que funcionarios de Estados Unidos, dentro y fuera de su embajada en la ciudad de México, expresaron lo que muchos mexicanos ya decían en reuniones familiares y de amigos: que había partes del país semicontroladas por los narcotraficantes, que los militares no podían con el paquete y no estaban preparados —tenían "aversión al riesgo", según los cables—, que había una especie de insurgencia contra las autoridades, y que no se veía una solución a corto o mediano plazo.

Ya para 2011 se había instalado en el país un clarísimo sentimiento de desesperación e indignación. A pesar de los muy públicos arrestos de líderes del narco, los actos de violencia no parecían detenerse.

La desesperanza llegaba a tal grado que una encuesta de Univision y Parametría realizada en febrero de 2011 confirmó que 56 por ciento de los mexicanos creían que el país iba en el "camino equivocado". Además, buscando alternativas no del todo realistas, 46 por ciento respondió que prefería algún tipo de negociación: que no haya violencia aunque haya narcotráfico.

Como puente entre los que envían drogas del sur del continente a los consumidores del norte, la realidad es que México puede hacer muy poco solo. México está poniendo los narcos y los muertos mientras Estados Unidos pone los consumidores y las armas.

Hay narcotraficantes en México porque hay drogadictos y consumidores de drogas en Estados Unidos. Así de simple. Y eso no va a cambiar. Estados Unidos tiene muchas prioridades pero entre ellas no parece estar el reducir el consumo de drogas. Llevo meses sin ver un solo anuncio público en Estados Unidos que prevenga a los más jóvenes de los peligros de los estupefacientes.

El problema no es únicamente que en Estados Unidos está el mayor mercado de drogas del mundo (bien alimentado por drogas sudamericanas que son transportadas por criminales mexicanos), hay también un conflicto de tráfico de armas. La mayoría de las armas que utilizan los narcotraficantes mexicanos proviene de Estados Unidos. Y eso tampoco va a cambiar. La segunda enmienda de la Constitución estadounidense garantiza el derecho a portar armas y casi nadie en Estados Unidos se atreve a enfrentarse a la influyente Asociación Nacional del Rifle (NRA, por sus siglas en inglés), que defiende con millones de dólares y cabilderos ese derecho.

Ésta es una guerra en la que se metió Calderón. Fue, sí, una decisión valiente pero no necesariamente la más inteligente ni la mejor planeada. Calderón la ha tomado como una guerra personal cuando en realidad es un asunto colectivo. Calderón la quiso convertir en una guerra mexicana cuando es, de verdad, un conflicto mundial. Desafortunadamente, ésta es una guerra que Calderón —y todos los recursos de su gobierno— no puede ganar solo.

Como quiera que sea, por esta guerra y sus muertos será recordada la presidencia de Calderón. Sin embargo, curiosamente, esta lucha no fue la que nos vendió Calderón durante su campaña presidencial. Nunca nos dijo: "La lucha contra el narcotráfico será la prioridad de mi gobierno". Sus metas eran más modestas. Quería crear más de un millón de empleos al año, me dijo. "Quiero ser el presidente del empleo". Nunca advirtió: "Seré el presidente de los muertos por el narcotráfico".

Resulta muy interesante ver en lo que Calderón se ha convertido en contraste con lo que decía en campaña. Para eso sirven las entrevistas, para contrastar dichos con hechos, para comparar las intenciones de un candidato con los logros y fracasos de un gobernante.

Entrevisté al presidente antes de que fuera presidente.

De hecho, ese 1° de mayo de 2006, cuando conversamos en su casa de campaña en la ciudad de México, pocos pensaban que podía llegar a ser presidente. Era antes del primer debate presidencial y casi todas las encuestas indicaban que Andrés Manuel López Obrador sería el próximo presidente de México. Faltaba muy poco para las elecciones del 2 de julio y mucho tenía que hacer Calderón para remontar la ventaja que le llevaba el candidato del PRD.

Me sorprendió que Calderón no tuviera ojeras a pesar de estar durmiendo sólo cuatro o cinco horas diarias. Este candidato panista, de 43 años, con anteojos, poco pelo y procedente de una familia con una larga tradición política —su padre fue fundador del PAN— tenía una sola cosa en su mente: quitarle la delantera a López Obrador.

La entrevista

"Sí, ésa es la competencia", me dijo. "La diferencia entre él y yo es muy sencilla: yo voy a ser el presidente del empleo y él es el mata chambas de los mexicanos".

En México había una nueva forma de hacer política. Era una guerra sucia por medio de anuncios televisivos. En uno de ellos —el que resultaría letal para las aspiraciones del candidato perredista— se le acusaba a López Obrador de ser autoritario e intolerante y se le comparaba con el presidente de Venezuela, Hugo Chávez.

"No tengo por qué aprobar la publicidad que hace el PAN —me dijo Calderón—, pero estoy de acuerdo con lo que ahí se refleja. Hugo Chávez le dijo 'cállate' al presidente Fox, lo cual nos pareció repugnante a la mayoría de los mexicanos, y López Obrador también le dice 'cállate' al presidente Fox y lo arremete, le dice: 'Cállese, chachalaca'."

López Obrador, según Calderón, "se parece a Hugo Chávez en este autoritarismo, en esa sensación de que la verdad sólo la posee él, y en ignorar absolutamente la ley como principio rector de la convivencia humana y la democracia".

Déjeme tratar de entender su campaña. ¿Su objetivo es crear miedo en los mexicanos de que si llega López Obrador [a la presidencia] va a ser un México autoritario?

No. Es simplemente decir lo que es cierto: que yo soy mejor opción que López Obrador.

A usted también lo acusan de tener muy mal genio...

Pues no lo sé —respondió con seriedad—, pero me dicen que soy un hombre de carácter... y te aseguro que a México le va a venir muy bien tener un presidente con carácter, con mano firme.

Hoy, varios años después de esa entrevista, sé que me equivoqué. Cuando Calderón me dijo que a México le vendría bien un presidente con "mano firme" debí haber lanzado una avalancha de preguntas. ¿A qué se refiere? ¿Mano firme contra quién? ¿Cuál sería la marca de su presidencia? En ese momento era la inseguridad, más que el narcotráfico, lo que preocupaba a la mayoría de los mexicanos, según las encuestas. Pero no perseguí esa pista que me dio Calderón en la entrevista. Se me había ido el tigre.

Sé que desaproveché la oportunidad de preguntarle sobre la "mano firme" que él quería imponer al país desde la presidencia. Ahora sabemos que él puede tener "mano firme" aunque su estrategia y ejecución ha temblado. No basta querer las cosas desde la presidencia para que pasen. Calderón, quien nació y creció con las presidencias omnipotentes del PRI, no calculó las debilidades de su propia presidencia.

LO PERSONAL

Calderón es miembro del partido más conservador de México, el que está más a tono con la Iglesia católica. Sin embargo, Calderón aseveró que no iba a misa todos los domingos y que sólo comulgaba "cuando estoy en paz con mi propia conciencia". "Soy un pecador estándar", me dijo a manera de definición.

Cuando le pregunté si él estaba en contra del aborto, contestó: "Estoy a favor de la vida". Y luego le hice una pregunta mucho más personal.

¿Qué pasa si alguien viola a su hija y quiere abortar?

Mira —me contestó buscando mis ojos—, por principio espero que eso no ocurra y voy a trabajar fuertemente para que no ocurra... Pero saliéndome de la concreción del caso [su hija tenía nueve años de edad], sí te puedo decir que en los casos de violación, cuando la mujer que es objeto de la violación decide abortar, la ley mexicana no la penaliza... Y yo respeto la ley porque el primer deber como gobernante es respetar la ley.

Del aborto pasamos al dinero. La corrupción ha sido uno de los problemas endémicos de la política mexicana. Sin embargo, Calderón me dijo, mostrándome sus manos, que iba a "entrar con estas manos limpias a la presidencia, y con estas manos limpias voy a salir de la presidencia".

En un rápido cálculo me dijo que entre él y su esposa tenían el equivalente a unos 750 mil dólares (por cuentas de banco y el valor de su casa) y que dicho capital había sido "ganado honradamente". Afirmó también que era el único candidato "que ha mostrado su patrimonio al público". A pesar de su capital, que era mucho más de lo que tenía y tiene la vasta mayoría de los mexicanos, se rehusaba a ser calificado como el "candidato de los ricos".

Terminamos la entrevista de la misma forma en que la habíamos comenzado: hablando sobre su pelea por ganar la presidencia de México. "Yo quiero un México ganador para mis hijos", me aseguró.

¿No era usted un niño dejado?

Jamás, al contrario, me dicen el hijo desobediente… Y no me voy a resignar a dejar a México en manos de los demagogos, de la mentira política. Yo voy a pelear, y voy a ganar, por un México distinto y mejor. Estoy en esta lucha por ello.

EL GRITO

Releyendo la entrevista me sorprende lo poco que pude sacarle al candidato que iba a ser presidente. En el momento de nuestra conversación, López Obrador parecía invencible en los sondeos y Calderón no había mostrado en campaña la fuerza necesaria para derrotarlo. Era, lo reconozco, un candidato poco apreciado.

Pero antes de la entrevista hubo un incidente que, ahora lo entiendo, mostró un rasgo esencial del que sería el próximo mandatario. Tras llegar al encuentro, fuimos recibidos muy amablemente en la puerta por un asistente y al entrar me encontré al candidato y al que sería su embajador en Estados Unidos, Arturo Sarukhán.

El edificio de campaña, con un patio interior poblado de escritorios, era un hervidero. Decenas de voluntarios hacían llamadas y había reuniones en varios recintos. No conté cuántos pisos tenía el edificio pero la gente subía y bajaba en todos con esa maravillosa convicción y concentración del que cree que está haciendo algo importante.

De pronto, mientras Calderón me llevaba hacia el lugar de la entrevista en el primer piso, el candidato se regresó al centro del edificio y con un grito le pidió silencio a todos sus colaboradores: "¡Bájenle, que voy a hacer una entrevista!", exigió. Todos le hicieron caso. Las conversaciones se apagaron. Un cuchicheo reemplazó la febril actividad de los que trabajaban para que el gritón llegara a la presidencia.

Calderón notó el cambio y siguió hacia el salón de la entrevista sin voltear. Pero caminó solo. Nadie quería caminar con él. Nadie se hubiera atrevido a sugerirle nada.

Estaba solo. Solo. El próximo presidente de México estaba solo.

❧Posdata por Fuentes

Poco después de la elección de julio de 2006, cuando Andrés Manuel López Obrador insistía en que Calderón le había robado la presidencia con un fraude, fui a conversar con el escritor Carlos Fuentes a su casa.

¿A usted esto le huele a fraude?

¡No puede haber fraude! —respondió el escritor subiendo la voz—. Las instituciones, los candados, como les decimos aquí, no lo permiten. Porque el sistema está muy fundamentado y la elección ha sido perfectamente transparente. De ninguna manera. Y es muy peligroso hablar de fraude.

En ese momento, con López Obrador cuestionando los resultados oficiales e iniciando una campaña de resistencia, existía el temor de una revuelta violenta para resolver el conflicto electoral.

Se trataba de un miedo fundado. México tiene una larga y triste historia de violencia al tratar de resolver sus conflictos. Y ahí están la Independencia (1810), la Revolución (1910), la matanza de Tlatelolco (1968) y el asesinato de Luis Donaldo Colosio (1994) para poner sólo unos ejemplos. Sin embargo, Fuentes creía que ésta era una actitud superada.

"Hay otro país que tiene una historia de gran violencia que es España", me explicó, didáctico, el autor de *Terra nostra* y *El naranjo*. "La guerra civil española fue una de las más grandes matanzas del siglo xx y han logrado encausarse en, hacia y con la democracia. Yo creo que en México ha pasado lo mismo. Hay una memoria de la violencia del pasado. No creo que nadie en México quiera regresar a esa violencia, sino que se acepten y se adopten todas las avenidas legales y constitucionales que se han abierto en los últimos 15 años."

Tanto los resultados preliminares —que fueron tan imprecisos como controversiales— como el conteo de los votos oficiales le dieron a Calderón una ligera pero clara ventaja sobre López Obrador. Y Fuentes explicaba estos resultados, en parte, por la campaña del miedo contra López Obrador y por la religiosidad del pueblo mexicano.

"Sí funcionó —me dijo sobre la campaña del miedo— porque amedrentó a mucha gente que no votó por López Obrador. Simplemente eso. Pero ese voto es válido. Fue una táctica electoral, igual que en Estados Unidos, donde Bush ganó la elección a partir del miedo, el terrorismo y la religión."

¿El catolicismo sigue pesando tanto en los mexicanos en 2006?

Yo creo que la Virgen de Guadalupe es la que finalmente decide las elecciones en México —respondió Fuentes con una sonrisa y echándose hacia atrás en un cómodo sillón beige de su casa en el sur de la capital mexicana—. En medio de todos los trancazos que nos hemos llevado en los últimos 50 años siempre es la figura inmaculada, la figura intocable, es la figura que nos permite decir "gracias a Dios, somos ateos".

Con tantos votantes indecisos, ¿cree usted que al final muchos mexicanos votaron por el candidato que se sentía más católico, en este caso Felipe Calderón?

Posiblemente. Yo creo que muchos sí votaron por razones religiosas por Calderón. México es un país conservador y siempre lo ha sido. Con la suma de los votos del PAN y el PRI ya tenemos una mayoría de derecha.

Epílogo
Dos volcanes

Los presidentes de México ya no son lo que eran antes. Y qué bueno. La era de los súper presidentes, mesiánicos, todopoderosos, sin contrapesos, se acabó hace tiempo. Las presidencias priístas se fueron resquebrajando y perdieron legitimidad década tras década. ¿Cómo justificar, por ejemplo, la masacre del 2 de octubre de 1968 en Tlatelolco?

Pero si es preciso marcar un día en que el sistema se quebró, ése fue el 19 de septiembre de 1985. La incapacidad del gobierno del presidente Miguel de la Madrid para enfrentar un poderoso terremoto, su absurda negativa inicial a aceptar ayuda del exterior —que costó más vidas— y la increíble labor organizativa de los propios ciudadanos en los rescates y la posterior reconstrucción, demostró que las súper presidencias priístas ya no daban más.

Carlos Salinas de Gortari fue el último súper presidente mexicano. Pero sólo durante cinco años. El sexto ya no lo aguantó. El levantamiento zapatista del 1° de enero de 1994, el asesinato de Luis Donaldo Colosio el 23 de marzo del mismo año, así como el error económico de diciembre, cuartearon irremediablemente el sistema priísta.

Ernesto Zedillo ya no pudo soportar más el teatrito. Él fue producto de dos dedazos y no tuvo más remedio que ceder a las fuerzas democráticas que empujaron a México a un cambio en el año 2000. Zedillo fue un presidente débil y eso es precisamente lo que se necesitaba para entrar en un verdadero sistema de alternancia con la elección de Vicente Fox.

Pero la democratización de México comenzó mucho antes de 2000. "Éste es un país con una sociedad civil muy fuerte, que tiene una cultura muy fuerte y que ha venido practicando la democracia en mil agrupaciones cívicas", me dijo el escritor Carlos Fuentes tras las complicadas y controvertidas elecciones de 2006. "Hay una cultura cívica que se ha desarrollado subterráneamente, si usted quiere. Estamos dentro de una normalidad democrática, con los vicios y las virtudes propias de la democracia. Como dijo Winston Churchill, 'la democracia es el peor sistema político, con excepción de todos los demás'."

A lo largo de su historia, México siempre ha peleado entre estas dos fuerzas: las que insisten en imponer su poder desde arriba y las que se resisten promoviendo las ideas de democracia, justicia y libertad. Pero ya nada será igual a las súper presidencias priístas.

El próximo presidente de México, por definición y por circunstancias, no tendrá la fuerza de sus predecesores priístas. Y más vale que nos vayamos acostumbrando a esto.

El Congreso y las cortes ejercen cada vez más su función de balance y contrapeso al Poder Ejecutivo. Además, México es un país increíblemente diverso, complejo e irregular como para ser gobernado por un solo hombre o una sola mujer desde el centro. Y el creciente poder de los narcotraficantes y grupos criminales —que controlan extensas zonas del país, amedrentando a autoridades e imponiendo su peso con armas y dinero— ha eliminado la posibilidad de que el próximo residente de Los Pinos gobierne a sus anchas.

Los Pinos es un lugar fantasmal; transforma incluso a los mejor intencionados. Sus grandes salones y pasillos hicieron creer a muchos presidentes que lo podían hacer todo. Hoy ya no es así.

A finales de 2010 fui invitado a una comida informal en Los Pinos. Asistieron unas 30 personas. Convivimos muy gratamente con el presidente Calderón y con su esposa, Margarita Zavala, durante varias horas. Pero mientras veía y escuchaba al mandatario, no podía dejar de pensar lo poco que este hombre podía hacer para cambiar la realidad de millones de mexicanos. Y no era una cuestión personal. La presidencia de México se había empequeñecido. Antes, con una orden del presidente, cambiaban las cosas. Ya no.

El próximo presidente de México, sea quien sea, tendrá que entender muy pronto las enormes limitaciones que tiene su puesto. Podrá guiar pero no imponer; dirigir pero no ordenar; buscar consensos y cooperación pero no enviar al Ejército a hacer lo que no pueden hacer otros.

Y los mexicanos, los gobernados, tenemos que entender que ahora, más que nunca, el destino del país depende de nosotros y no del presidente. Esto requiere de un cambio fundamental de visión y de actitud.

Pero también requiere de un sistema político mucho más abierto al cambio. La partidocracia mexicana limita la democracia, la ahoga, al no permitir que ciudadanos independientes lancen sus candidaturas. Es urgente abrir el concurso presidencial, y a todos los niveles de gobierno, a las candidaturas independientes, no partidistas. No es un capricho personal, es una exigencia ciudadana.

Otro cambio. Coincido en la limitación a la reelección presidencial. Basta con un Porfirio Díaz. No necesitamos otro. Tampoco otras siete décadas del mismo partido político en el poder. Pero seis años de periodo presidencial es demasiado. En otras épocas, donde los cambios tomaban más tiempo, tenía sentido. Ya no.

Lejos de promover la estabilidad, seis años en la presidencia detienen los impulsos innovadores de las nuevas generaciones y promueven la parálisis política. Propongo cinco años. Más que suficientes para hacer, y luego dejar que otros hagan.

Éstos son otros tiempos.

Como quiera que sea, los presidenciables mexicanos están buscando el trabajo más difícil del mundo. Es un reto gigante con un poder cada vez más limitado.

¿Aguantará esto México?

Claro que sí, me dijo en una ocasión Carlos Fuentes, "México aguanta dos volcanes".

MiraNou

Los Presidenciables, de Jorge Ramos
se terminó de imprimir en mayo de 2011 en
Quad/Graphics Querétaro, S. A. de C. V.,
Fracc. Agro Industrial La Cruz
El Marqués, Querétaro
México.